Andreas von der Lärche

Cui bono? - Wem zum Vorteil?
Cui malo? - Wem zum Schaden?

Traten die Vorteile und die Schäden zufällig ein oder wurden sie durch gezielte Maßnahmen herbeigeführt?

Andreas von der Lärche

Cui bono? - Wem zum Vorteil?
Cui malo? - Wem zum Schaden?

Traten die Vorteile und die Schäden zufällig ein oder wurden sie durch gezielte Maßnahmen herbeigeführt?

Herstellung und Verlag: BoD – Books on Demand, Norderstedt
ISBN: 9783746035802

Inhaltsverzeichnis

Einleitung

Mir wird immer wieder vorgehalten, ich würde die Dinge und Ereignisse auf dieser Welt zu pessimistisch und zu einseitig sehen, würde meistens nur das Negative betonen. Von den Kritikern wird erwidert, eigentlich gehe es doch in Deutschland vielen Bürgern im Vergleich zum Ausland recht gut. Der Kapitalismus bringe mehr Bürgern Wohlstand als der Sozialismus oder der Kommunismus. Dies habe sich doch mit dem Zusammenbruch der Sowjetunion gezeigt.

Unsere Demokratie habe zwar einige Mängel, sie sei aber auf jeden Fall besser als eine Diktatur wie etwa in Russland oder China, eine bessere Demokratie sei eben nicht realistisch. Fast alle deutschen Bürger hätten ein Wahlrecht, könnten auch ihre Meinung frei äußern. Unterschiedliche Parteien bieten dem Wähler verschiedene politische Programme an.

Auch die Armut in Deutschland müsse man relativieren. In Deutschland gebe es deutlich weniger absolut arme Menschen, die etwa kein eigenes Dach über dem Kopf haben, als in den meisten afrikanischen und asiatischen Ländern. Wir haben einen der besten Sozialstaaten. Die relative Armut habe wohl zugenommen, daran seien aber neben den Krisen vor allem die betroffenen Personen selbst schuld. Sie können oft nicht sparen oder mit Geld umgehen. Auch hätten sie wohl in der Schule und bei der Berufsausbildung zu wenig Engagement gezeigt. Häufig handle es sich lediglich um Sozialneid.

Die beiden Weltkriege des letzten Jahrhunderts seien lange vorbei. Ohne die Hilfe der USA würde es uns heute nicht so gut gehen. Sie hätten uns den Wohlstand ermöglicht. Mit ihnen verbinden uns gemeinsame westliche Werte und die Demokratie. Die USA werde als Weltpolizei benötigt, deshalb seien ihre hohen Rüstungsausgaben wohl gerechtfertigt.

Die öffentlich-rechtlichen Medien informieren den Bürger umfassend, neutral und weitgehend wahrheitsgemäß. Sie verhindern, dass Verschwörung-Theoretiker uns manipulieren und in die Irre leiten.

Durch die Wiedervereinigung hätten die unterdrückten Ostdeutschen Freiheit und Wohlstand bekommen und könnten jetzt in einer Demokratie leben. Der Westen musste dafür große Opfer erbringen.

Wegen des Euros sei bei Reisen kein Umtausch mehr notwendig. Dies sei sehr angenehm. Auch die lästigen Grenzkontrollen seien weggefallen. Europa sei gemeinsam stärker als die einzelnen Nationen.

Die Gesundheitsversorgung in Deutschland sei im Vergleich zu anderen Ländern sehr gut und umfassend. Fast alle Bürger seien Mitglied in einer Krankenversicherung, von der auch sehr teure Behandlungen übernommen werden.

Das Coronavirus sei eine große Bedrohung für unsere Gesundheit gewesen. Es seien viele Menschen daran gestorben. Long-Covid sei immer noch ein großes Problem. Die Impfungen und die Masken hätten uns vor schweren Verläufen geschützt. Die rechtlichen Einschränkungen seien wohl notwendig gewesen.

Der Tiefe Staat sei lediglich eine Verschwörungs-Theorie wie es in letzter Zeit viele gebe. Die von uns demokratisch gewählten Politiker hätten letztendlich das Sagen. Ihre Entscheidungen seien oft notwendig, manchmal auch alternativlos. Bestechung mag es geben, sie sei aber nicht die Regel.

Der Ukraine-Krieg sei vor allem eine aggressive Handlung von Putin. Er hätte die Ukraine nicht angreifen müssen, hatte dazu keinen Grund. Waffenlieferungen und sonstige Unterstützung der Ukraine seien notwendig, damit Putin nicht noch andere Länder überfällt. Ihm müssten Grenzen gezeigt werden.

Bei fast einheitlicher Berichterstattung der Massenmedien wird es für mich immer schwieriger, zwischen **Wahrheit** und **Unwahrheit** sogar zwischen **Gut** und **Böse** zu unterscheiden. Deshalb kann es hilfreich sein, danach zu fragen: Wer hatte Vorteile und wer hatte Nachteile durch die Ereignisse, Handlungen oder Entscheidungen? Besonders hellhörig sollte man werden, *wenn der Gewinner gleichzeitig der Gute und der Verlierer der Böse ist und der Gewinner die Macht hatte, dass die Vor- und Nachteile nicht eingetreten wären.* Dem angeblich Guten und Mächtigen werden oft auch sehr aggressive und unmoralische Handlungen verziehen. Es wird etwa von vielen Menschen angenommen, dass die NATO-Länder nur für die Demokratie und den Frieden zahlreiche Länder wie den Irak, Jugoslawien, Syrien, Libyen oder Afghanistan bombardiert haben. Die US-Elite hätte die Macht gehabt, dass der Ukraine-Krieg verhindert worden wäre und dass die Wirtschaftssanktionen gegen Russland Europa und besonders Deutschland nicht so sehr geschadet hätten.

Wenn Ereignisse, Entscheidungen oder Handlungen jemandem zum Vorteil gereichen, gibt es drei Möglichkeiten wie der Vorteil des einen sich auf einen anderen auswirken kann:

1. **Eine andere Partei hat von den Ereignissen oder den Entscheidungen auch einen Nutzen.**
   Man nennt es dann neudeutsch **Win-Win-Situation.** Das „feindliche" Gas aus Russland war eine solche Situation. Russland bekam Euro, Deutschland billige Energie (fünf Cent pro KW-Stunde). Dadurch konnte in beiden Ländern der Wohlstand deutlich gesteigert werden. Das umweltschädliche Fracking-Gas der USA war vor dem Ukraine-Krieg gegenüber der Pipeline-Energie aus Russland nicht konkurrenzfähig.
2. **Der Vorteil des einen hat sowohl nützliche als auch schädliche Auswirkungen für andere Personen.**
   Die USA verkauft ihr umweltschädliches Fracking-Gas zum vier- bis siebenfach höheren Preis an die Europäer als an ihre eigene Bevölkerung. Würden die Energiefirmen das Gas zum selben Preis wie in den USA anbieten, wären die Preissteigerung für die Energie in Europa evtl. wirtschaftlich tragbar. Das vorgebrachte

positive Argument, man werde dadurch von Russland unabhängiger, könnte dann möglicherweise als Vorteil angesehen werden. Wir wären dann nicht mehr von „Feinden", sondern nur noch von „Freunden" abhängig.

3. **Der Vorteil einer Partei hat überwiegend schädliche Auswirkungen auf eine andere Partei.**

   Der eigene Vorteil ist nur möglich, weil andere Personen darunter leiden. Es heiß dann in einem deutschen Sprichwort: ***„Des einen Leid, des andern Freud"***. In Bezug auf die Rüstungsindustrie gilt sogar das Sprichwort: ***„Des einen Tod, des andern Brot"***. Je größer die Diskrepanz zwischen dem Vorteil des einen und dem Nachteil eines anderen ist, desto eher muss man den Verdacht hegen, dass das Ergebnis durch Manipulation oder Verschwörung zustande gekommen sein könnte.

   Deutschland muss wohl in Zukunft für die „freundschaftliche" Energie aus den USA und aus anderen Ländern den bis zu zehnfachen Preis wie vor dem Wirtschaftskrieg gegen Russland bezahlen. US-amerikanisches Fracking-Gas wird plötzlich hoch rentabel, der deutschen Unter- und Mittelschicht droht eine Zunahme der Armut bzw. der Verlust des Wohlstandes und der deutschen Wirtschaft der Ruin oder der Ausverkauf.

Wenn sich Umstände oder Folgen einer Handlung als großer Vorteil herausstellen, gibt es zwei Möglichkeiten, wie es dazu gekommen ist.

1. **Es war Zufall, Glück, nicht beabsichtigt.**

   Teile der gehobenen Mittelschicht in Deutschland haben von den reichenfreundlichen Gesetzen der deutschen Regierungen in den letzten vier Jahrzehnten oft auch profitiert. Viele finanziell besser Gestellte äußern zum Beispiel offen, dass sie die Entlastungen durch die Energiepreisdeckel nicht benötigen, nehmen aber trotzdem zum Schutz ihres eigenen Vermögens auf Kosten des Volksvermögens (Staatsschulden) die staatlichen Wohltaten an. Sie haben lediglich indirekt durch die Wahl von neoliberalen Parteien zu ihrem „Glück" beigetragen. Dem Guten und Tüchtigen dienen eben alle Dinge zum Besten.

2. **Der Vorteil wurde bewusst und absichtlich durch oft geheime Strategien und Absprachen (Verschwörungen, Kartelle) herbeigeführt.**

Moralisch entscheidend ist, ob durch den Vorteil des einen ein schwerer Nachteil für eine andere Partei entstanden ist. Da manche Gewinner eben nicht nur einen Vorteil haben, sondern auch moralisch überlegen sein wollen, dürfen die wahren Zusammenhänge jedoch nicht offen kommuniziert werden. Die Wahrheit muss dann zwangsläufig auf der Strecke bleiben. Die „Scheinheiligen" können dadurch „Heilige" bleiben.

Die Hochfinanz der USA hatte nach der gängigen Geschichtsschreibung keine wesentliche Schuld am Ersten und Zweiten Weltkrieg, war aber zufällig der Hauptprofiteur beider großer Katastrophen. Die von ihr abhängigen Industrien belieferten in beiden Weltkriegen bis weit in den Krieg hinein beide Kriegsparteien mit Waffen und Gütern. Ohne diese Lieferungen wären beide Kriege schnell zu Ende gewesen.

Diejenigen, die die wahren Zusammenhänge aufdecken wollen, werden heutzutage oft als Verschwörungstheoretiker diffamiert. *Der gesunde Menschenverstand wird häufig für rechtsradikal erklärt.* Wer aber ist verwerflicher, der Verschwörungstheoretiker oder der Verschwörungspraktiker, derjenige, der den Schmutz aufdeckt oder derjenige, der ihn erzeugt hat?

Verschwörungen können durch drei Umstände unterstützt werden:

1. Durch **explizite Absprache,** wie es etwa bei Kartellen vorkommt. Kartelle sind Absprachen von Konkurrenten für gemeinsame Ziele.
2. Durch **vorausschauenden Gehorsam.** Beispiele sind die heute zahlreichen unterwürfigen Journalisten.
3. Durch **unreflektiertes Mitläufertum.** Die Mehrheit der deutschen Bevölkerung ist immer noch trotz der Gefahr eines Weltkrieges für deutsche Waffenlieferungen in die Ukraine.

Ich bin kein Wirtschafts-, Politik oder Gesellschaftswissenschaftler. Als Psychiater, der auch Jahrzehnte lang in der Sozialmedizin tätig war, interessierte ich mich aber schon seit meinem Studium für psychologische und soziale Zusammenhänge. Da soziale, wirtschaftliche und politische Aspekte oft nicht voneinander getrennt werden können, habe ich mich auch mit diesen Zusammenhängen in den letzten Jahren immer intensiver beschäftigt.

Als ich im Juli 2020 während der Coronazeit berentet wurde, hatte ich als Ausgegrenzter viel Zeit zum Lesen, auch von kritischen Büchern und Kommentaren. Die Erfahrung, dass ich als Corona-Impfverweigerer durch abwertende Äußerungen meiner Mitmenschen und durch die 2G-Regeln diskriminiert wurde, hat mein kritisches Denken noch erheblich verstärkt.

Seit Beginn meines Ruhestandes habe ich die über 170, in den Quellen genannten, teilweise sehr dicken Bücher gelesen und mir das meiner Ansicht nach Wichtigste aus ihnen herausgeschrieben. *Mir ist durchaus bewusst, dass die Auswahl der Informationsquellen subjektiv ist.* Je intensiver und je regelmäßiger die deutschen Bürger Zeitungen lesen, Deutschlandfunk hören und Fernsehnachrichten anschauen, desto ausgeprägter ist ihr Schwarz-Weiß-Denken und umso emotionaler und unsachlicher ist ihre Beurteilung von Gut und Böse. Sie sehen dann oft undifferenziert in Putin, wie in Hitler, den wahrhaftigen Teufel.

Mit diesem Buch, das in Zeiten gekaufter Wissenschaft keinerlei Anspruch auf Wissenschaftlichkeit erhebt, möchte ich kompakt meine aus dem Studium der Bücher gewonnen Erkenntnisse für mich ordnen und, wenn gewünscht, auch anderen interessierten Personen zur Verfügung stellen. Nicht jeder kann oder will so viele kritische und nicht immer leicht verständliche Bücher lesen. Viele Menschen wollen oder können auch die Wurzeln der Probleme nicht erkennen, sie sehen nur die Auswirkungen.

Wichtige Beurteilungsmaßstäbe sind mir als Christ zentrale Aussagen der Bibel, besonders des Neuen Testaments, die nicht wissenschaftlich sind, aber viel Weisheit beinhalten. Wenn sich unsere chaotische Welt mehr an die biblischen Maßstäbe halten würde, hätten wir sicher eine bessere, **eine gerechtere, eine wahrhaftigere und eine friedlichere Welt.**

Das vorliegende Buch will anhand zahlreicher Beispiele durch die Fragen, wem nützt etwas und wem schadet etwas, versuchen, der Wahrheit und dem Verständnis von Zusammenhängen etwas näher zu kommen. Gewinner und Verlierer habe ich durch Unterstreichung hervorgehoben.

Da viele, auch aktuelle Probleme mit der privaten Geldschöpfung zusammenhängen, möchte ich mit dieser wichtigen Voraussetzung für unser gesellschaftliches Leben beginnen.

Die private Geldschöpfung

Viele schwerwiegende Probleme unserer Zeit hängen eng mit der privaten Geldschöpfung zusammen. Sehr wahrscheinlich würde es ohne diesen ungerechten Vorteil keine Anhäufung von immensem Reichtum bei wenigen einerseits und bitterer Armut bei vielen anderseits geben. Der Reichtum der einen ist die Armut der anderen. Ohne die private Geldschöpfung wäre auch der **neoliberale „Raubtier-Kapitalismus"**, der den Krieg für seine Zwecke benötigt, in der heutigen Form nicht möglich. Ein kluger Mensch hat einmal gesagt: *Der neoliberale Kapitalismus trägt den Krieg in sich wie eine Wolke den Regen.* Diese Wirtschaftsform benötigt Kriege, um weitere Absatzmärkte und Rohstoffe zu erschließen sowie eventuell billige Arbeitskräfte weltweit zu rekrutieren. Nur so ist das für den Turbo-Kapitalismus notwendige Wachstum auf Dauer möglich. *Bei fast allen stattgefundenen Kriegen ging es nicht um Werte oder Überzeugungen, sondern um wirtschaftliche Interessen und die damit verbundene Macht.* Vorgegebene Werte und Überzeugungen dienten und dienen nur der Verschleierung und Rechtfertigung von menschenverachtenden Handlungen. Man will eben der gute, nicht der böse Reiche und Mächtige sein.

Hilfreich für die Geld-Elite ist das nützliche Nichtwissen des Volkes, etwa das Unwissen über **die private Geldschöpfung.** Ein Zitat, das dem Automobilhersteller und Rüstungsexporteur Henry Ford zugeschrieben wird, lautet: „Wenn Menschen das Banken- und Geldsystem verstehen würden, hätten wir morgen Revolution". Auch das Unwissen über **die tatsächlichen Machtverhältnisse** und das Unwissen über **die Besitzverhältnisse** und den **Einfluss der Superreichen auf die Politik und die Wirtschaft** gehören zu diesem nützlichen Nichtwissen. Geld, nicht die Politiker, regiert die Welt.

Formen der Geldschöpfung

1. **Die Bargeldschöpfung durch die Zentralbank.**
    Bargeld macht ca. 20% des umlaufenden Geldes aus. Bargeld gelangt nur in öffentlichen Umlauf, wenn vorhandenes Buchgeld von Kunden einer Geschäftsbank am Schalter oder Geldautomaten abgehoben, also in Bargeld umgetauscht wird.
2. **Zentralbankgeldschöpfung für den Kauf von Staatsanleihen und für den Interbankenhandel.**

3. **Giralgeld oder Buchgeld Schöpfung durch Kreditvergabe oder Ankauf von Vermögenswerten** durch private, genossenschaftliche oder öffentlich-rechtliche Geschäftsbanken. Giralgeld macht etwa 80% des umlaufenden Geldes aus.
    Die Giralgeld Schöpfung ist ein Buchungsakt. Die Geschäftsbanken müssen dieses aus dem Nichts geschaffene neue Geld nicht vorher als Eigenkapital besessen, auch nicht als Kundeneinlagen in ihrer Bilanz gehalten und nicht von der Zentralbank oder anderen Geschäftsbanken geliehen haben. Sie müssen allerdings in der Folge dieser Giralgeld Schöpfung die Mindestreserveanforderungen der Zentralbank einhalten, die aber im Eurosystem nur 1% der Kredithöhe ausmachen.

Falls Staaten sich über ihre Steuereinnahmen hinaus Geld beschaffen müssen, können sie lediglich Staatsanleihen mit verschiedenen Laufzeiten auflegen. Diese werden zunächst von Geschäftsbanken mit Zentralbankgeld gekauft. Die Anleihen, also die Staatsschulden, gelangen durch Weiterverkauf der Banken teilweise in die Hände von privaten oder anderen Anlegern, etwa Pensionsfonds. **Der Staat verschuldet sich also letztendlich bei Privatpersonen.**

Die Vermögenspreisinflation und die zunehmende Ungleichheit in der Gesellschaft entstehen auch durch die exzessive Geldschöpfung der

Geschäftsbanken, besonders bei sehr niedrigen Leitzinsen. <u>Banken</u> und <u>Vermögende</u> mit ausreichend Sicherheiten kommen als erste in den Genuss von neu geschöpftem Geld. Mit dem neuen Geld kaufen die Vermögenden oft in erster Linie Vermögenswerte, wie beispielsweise Immobilien oder Aktien. Der Anstieg der Nachfrage lässt dann mit der Zeit die Vermögenspreise steigen. Verlierer im Prozess der Geldschöpfung sind diejenigen, in deren Taschen das neu geschaffene Geld nicht oder nur zu einem kleinen Teil gelangt, die aber dennoch die dadurch entstandenen höheren Immobilienpreise als <u>Mieter</u> bezahlen müssen.

Die Geldpolitik der Zentralbank orientiert sich ausschließlich am Verbraucherpreisindex für Güter und Dienstleistungen, dessen Warenkorb keine Vermögenswerte wie Gold, Immobilien oder Aktien erfasst.

Auswirkungen und Folgen der privaten Geldschöpfung

- Durch **Investitionen** entsteht Wertgewinnung in Form von Waren und Dienstleistungen. Investitionskredite sind aus gesellschaftlicher Sicht mit Abstand die vorteilhaftesten Kredite. Sie sind aber für Banken die riskantesten Kredite.
- Durch **Konsum** kommt es zur Inflation der Verbraucherpreise für Waren und Dienstleistungen. Konsumentenkredite führen zu einer steigenden Nachfrage.
- **Spekulationen** führen zur Inflation der Vermögenspreise wie Immobilien und Aktien. Dadurch steigen u.a. die Mieten. Spekulationskredite treiben die Immobilien- und Aktienpreise nach oben, aber nur solange die Aktienkurse weiter steigen.

Ein Geldschöpfer muss die Macht haben wie früher die Könige oder mit den Mächtigen verbündet sein. Im Mittelalter gaben Fürsten und Könige selbst das Geld aus. Mit der Gründung der privaten Bank of England 1694 traten die Adligen ihr Recht, Geld auszugeben, an Bankiers ab. Herrscher und Bürger mussten sich von nun an Geld für Prunk und Kriege bei den

Banken gegen Zinsen leihen. <u>Die Bankiers bekamen so eine Lizenz zum Gelddrucken.</u> Sie entschieden nun über den Krieg und das Geld konnte in die Hände von <u>skrupellosen Zockern</u> geraten. Banken haben immer wieder, besonders durch Erweiterung der Geldmenge, Blasen (Aktien, Immobilien) verursacht und können auch heute noch an einem Krieg gut verdienen. Wenn die Geldmenge verknappt wird, platzen die Blasen.

Zentralbanken können die Probleme nicht lösen. Sie sind zwar von der Politik unabhängig, dienen aber in erste Linie den Reichen. <u>Investment- und Geschäftsbanker</u> wechseln immer wieder in die Chefpositionen der angeblich öffentlichen Zentralbanken.

Es ist ein großes Problem, ***dass Repräsentative Demokratien für die Entmachtung der Privatbanken zu schwach sind.*** Denn auch die Industrie wird vom Kreditwesen kontrolliert.

Private Geldschöpfung ist weder fair, noch demokratisch und führt zu großer Ungleichheit. ***Private Geldschöpfung und Demokratie sind deshalb auf die Dauer unvereinbar.*** Die Notwendigkeit einer alternativen Staatsfinanzierung durch Zentralbanken in öffentlicher Hand ist tiefer begründet, nämlich im Anspruch auf die Souveränität einer Gesellschaft. Unter den Zwängen der wachsenden Verschuldung gegenüber einer <u>kleinen, wohlhabenden Schicht</u> ist eine Regierung nicht mehr demokratisch kontrollierbar. ***Die Macht liegt am Ende immer bei den <u>Gläubigern.</u>*** Die Geschichte des Geldes ist eine Geschichte der Macht. Beim Geld geht es meistens um Macht, Verschwörung und Herrschaft.

Geld ist eben auch politische Macht, egal ob in der Direkten Demokratie, der Repräsentativen Demokratie oder in einer Diktatur. In einer Repräsentativen Demokratie müssen von den Lobbyisten nur ein paar Dutzend einflussreiche Abgeordnete bearbeitet werden. Die Gehirnwäsche von Millionen Menschen ist weitaus teurer und aufwendiger. Es ist schwieriger ein ganzes Volk zu bestechen als eine Handvoll Politiker.

Die Zentralbank darf die Staatsanleihen nicht direkt kaufen, nur über die Geschäftsbanken gegen Zinsen. ***Die Zinszahlungen für***

Staatsschulden machen die <u>Geldverleiher</u> reich, das <u>Volk</u> aber arm. Deshalb wird das Land für die große Masse der Bevölkerung immer weniger lebenswert. Die aktuellen hohen deutschen Staatsschulden sind hauptsächlich durch drei Faktoren entstanden:

1. **Durch nicht gezahlte Steuern der Reichen** (keine Vermögenssteuer, zu geringe Erbschafts- und Einkommenssteuer).
2. **Durch Lohndumping** (Hartz-IV-Aufstockung von prekären Arbeitsverhältnissen)
3. **Durch verlorene Finanzwetten der Banken** (Bankenrettung nach geplatzten, durch Spekulationen entstandenen Immobilien- und Aktienblasen). *Gewinne zu privatisieren und Verluste zu sozialisieren sind kein Kapitalismus, sondern Feudalismus pur.*

Eine **Inflation** (man bekommt weniger für sein Geld) kann die Verbraucherpreise oder die Vermögenspreise betreffen. Wenn die Immobilien- oder die Aktienpreise in Folge einer Ausweitung der Geldmenge ansteigen, ist das kein Wertzuwachs, sondern nichts anderes als Inflation. Die Vermögenswerte sind nicht wertvoller geworden, sondern nur weniger erschwinglich. Die eigentliche Wurzel des Problems liegt nicht im Material des Geldes, sondern eben in der Verfügbarkeit über dessen Schöpfung.

Demokratie ist nur möglich, solange die Geldschöpfung einer demokratisch kontrollierten Instanz in öffentlichem Eigentum vorbehalten ist. *Banken, die Geld schöpfen können, haben oft mehr Einfluss auf Politik und Wirtschaft als gewählte Regierungen und Parlamente.*

Eine Lösung wäre die **Vollgeldreform,** eine Geldschöpfung in öffentlicher Hand. Allein eine unabhängige Zentralbank würde das Maß der Geldschöpfung als Vierte Gewalt festlegen. Das Parlament und über Volksentscheide das Volk würden über den Verwendungszweck des Geldes entscheiden. Die Regierung würde nur die Beschlüsse des Parlaments oder des Volkes ausführen. Die Zentralbanken dürften aber nicht mehr, wie die US-amerikanische FED, in den Händen von privaten Banken sein.

Die Staatsschulden sind durch *zu geringe Reichensteuern*, die privaten Schulden vor allem durch *zu geringe Löhne* entstanden. Ohne Vollgeld gibt es keine Staatsentschuldung und keine Entschuldung von privaten Haushalten. Vom Vollgeld würden 99,9% der Bürger profitieren.

Entscheidend für das Wohl des Volkes wäre auch bei dieser Form der Geldschöpfung, ob mit dem neu geschaffenen Geld investiert, konsumiert oder spekuliert würde. Bisher war eine staatliche Geldschöpfung nur nach Revolutionen oder im Krieg, wenn gemeinsame Ziele bestanden, möglich.

Gewinner der privaten Geldschöpfung sind die Reichen, besonders die Superreichen und die Bankmanager, Verlierer besonders die Mittel- und Unterschicht.

Quellen

Hankel Wilhelm, Isaak Robert, **Geld Herrschaft,** Wiley-VCH Verlag
Mayer Thomas, Huber Roman, **Vollgeld,** Tectum
Mekiffer Stefan, Warum eigentlich genug Geld für alle da ist, Hanser
Schreyer Paul, **Wer regiert das Geld?,** Piper Verlag
Schreyer Paul, Finanzgeschichte
Wolff Ernst, Wolff of Wall Street, Pro Media

Neoliberaler Kapitalismus

Allgemein wird unter Kapitalismus eine Wirtschafts- und Gesellschaftsordnung verstanden, die auf **Privateigentum an den Produktionsmitteln** und einer Steuerung von Produktion und Konsum über den **Markt** (Marktwirtschaft) beruht. *Die kapitalistische Eigentumsordnung verpflichtet alle, die über kein eigenes Kapital verfügen, für fremdes Eigentum zu arbeiten* und überführt damit Arbeit in Lohnarbeit.

Im Neoliberalen, US-dominierten Kapitalismus, ein System der maßlosen Geldanhäufung, ist Profit das oberste Ziel. Er nimmt weder Rücksicht auf die Menschen noch auf die Natur. Folgen sind eine extreme Ungleichheit, Kriege und Zerstörung, auch der Umwelt. Statt soziale und religiöse Ziele sowie Moral, wie oft behauptet wird, steht Eigennutz im Vordergrund. **Die Rendite des Kapitals ist der Maßstab allen Handelns** – in der Wirtschaft, der Regierung, den Medien, selbst in den Kirchen.

Durch den zügellosen Kapitalismus hat eine Wandlung vom Homo sapiens zum Homo oeconomicus stattgefunden. Der radikale Kapitalismus ist ein Faustrecht mit Heilsversprechen. Das Heilsversprechen lautet „Wohlstand für alle". Besonders von den USA wird die Ökonomie auch als Waffe in Wirtschaftskriegen eingesetzt.

Durch die neoliberale Ideologie fand der Übergang des Kapitalismus von einer autoritären zu einer zunehmend *totalitären Organisationsform statt, die alle Bereiche des gesellschaftlichen Lebens nach dem neoliberalen Modell zu organisieren sucht.* Auch die Staaten wurden in die Schuldenabhängigkeit der Finanzmärkte getrieben. Der neoliberale Ökonomismus ist im Kern kein Wirtschaftsprogramm, sondern eine Herrschaftsform, *Herrschaft mittels der Ökonomie.*

Ziele des Neoliberalen „Raubtier-Kapitalismus"

- **Eine marktkonforme, repräsentative Demokratie, eine Wahloligarchie ökonomischer und politischer Eliten.**
- **Ein politisch apathischer Konsument statt einem mündigen Bürger,** der sich anstatt auf Politik weitgehend auf Brot und Spiele, auf sein Einkommen und sein Vergnügen konzentriert.
- **Große Umverteilung von unten nach oben, von den Süd- zu den Nordländern und von der öffentlichen in die private Hand durch Privatisierung fast aller Bereiche der Daseinsfürsorge.**
- Statt einer sozialen Marktwirtschaft nur noch ein **marktgerechtes Sozialsystem,** eine **marktgerechte Besteuerungs- und Subventionspraxis** und ein **marktgerechtes Rechtssystem.**
- **Systematische Verrechtlichung der organisierten Kriminalität der besitzenden Klasse** (Steuerhinterziehung, Subventionen, Ausbeutung).

Es ist nicht erstaunlich, dass die internationale Hochfinanz Adolf Hitler und den Faschismus erst durch eine massive finanzielle Unterstützung möglich gemacht hat. Denn der **Neoliberale Kapitalismus** und der **Faschismus** haben zahlreiche Gemeinsamkeiten:

1. Beide sind Strömungen der Gegenaufklärung und verachten die Demokratie und den Kommunismus zutiefst.
2. Gemeinsame Ideologie ist der **Sozialdarwinismus:** *Glorifizierung des Starken, Verachtung des Schwachen.*
3. Die Organisationsform ist bei beiden Herrschaftsformen eine **extrem hierarchische Elitenoligarchie.**
4. Beim Faschismus ist der Mythos die **Nation und Rasse,** beim Neoliberalen Kapitalismus der **freie Markt.**

Bevorzugte Mittel des Neoliberalen Kapitalismus

- **Die Privatisierung der öffentlichen Güter** (Wohnraum, Energie, Wasser, Infrastruktur, Gesundheitswesen).
- **Die Globalisierung des Handels und des Geldflusses** durch offene Grenzen und Abbau von Zöllen. <u>Verlierer der Globalisierung sind die Beschäftigten und der Staat.</u>
- **Lohndumping zur Gewinnmaximierung** (Umwandlung von Löhnen in Dividenden und Boni). *Man kann sich auch in einem reichen Land arm arbeiten.*
- **Starke Beeinflussung der repräsentativen Demokratie durch Lobbyarbeit** (6000 Lobbyisten in Berlin, 30000 in Brüssel)
- **Steuervermeidung** durch Tochter- und Briefkastenfirmen.
- Auch die Bekämpfung der an die Wand gemalten **Klimakatastrophe** ist unter den gegebenen Voraussetzungen (China baut in Afrika in den nächsten Jahren 500 neue Kohlekraftwerke, 2% des CO2-Ausstoßes weltweit wird von Deutschland verursacht) nur ein großes Konjunkturprogramm, für das die Bürger über Strompreise und Energiesteuern, über Dämm-Orgien, Glühlampenverbot und Diesel-PKW-Entfernung zur Kasse gebeten werden, weil ansonsten der gesättigte Markt keinen Wachstumsimpuls mehr hergeben würde.

Früher galt die Meinung, dass ökonomische und soziale Ungleichheit **naturgegeben oder gottgewollt** sind. Die sozioökonomische Ungleichheit wurzelt aber in den **kapitalistischen Produktions-, Eigentums- und Herrschaftsverhältnissen.** Ein Großteil der heute bestehenden Ungleichheit ist in erster Linie das *Ergebnis staatlicher Politik.*

Die deutsche Wirtschaft setzt sich aus drei Teilen zusammen, aus dem privatwirtschaftlichen Sektor, aus dem öffentlich-rechtlichen Sektor und aus Genossenschaften. <u>Der privatwirtschaftliche Sektor</u> hat sich seit

Anfang der 1980er-Jahre immer weiter auf Kosten der beiden anderen Sektoren ausgebreitet. Diese Entwicklung muss wieder rückgängig gemacht werden, wenn die zunehmende ökonomische Ungleichheit aufgehalten werden soll.

Nach Robert B. Reich sind im Kapitalismus fünf Regeln Grundbau-steine eines jeden Marktes:

1. **Das Privateigentum:** Was und wie viel kann besessen werden?
2. **Das Eingrenzen von Monopolen:** Wie viel Marktmacht ist zulässig?
3. **Verträge:** Was kann ausgetauscht werden und zu welchen Konditionen?
4. **Das Insolvenzrecht:** Was passiert bei Zahlungsunfähigkeit des Käufers?
5. **Die Durchsetzung all dieser Regeln.** Der Staat formuliert und setzt die Spielregeln des Marktes durch.

Jeder dieser Bausteine könne in eine Schräglage gebracht werden zum <u>Nutzen einiger weniger anstatt der vielen</u>. Im Sozialismus schalte der Staat den Wettbewerb aus, im Kapitalismus die Konzerne. Jeder einzelne dieser fünf Bausteine hänge von einer Vielzahl von Entscheidungen von Gesetzgebern, Behörden und Richtern ab.

Der **Mythos des freien Marktes** ist deshalb so nützlich, weil <u>Konzernriesen, Großbanken und reiche Privatleute</u> dahinter ihre Macht verstecken können. Keine Wirtschaft der Welt kann ohne die Kaufkraft einer starken, wachsenden Mittelschicht die nötige Fahrt beibehalten. *CEOs schaffen keine Stellen, sondern nur die Nachfrage.* Der Markt ist von Reichen zum Zweck ihrer weiteren Bereicherung reorganisiert worden. Einkommen und Macht hängen zunehmend davon ab, wer die **Macht über die Spielregeln** hat.

Das eigentliche Problem ist nicht, wie oft behauptet wird, der Einflussbereich des Staates auf die Wirtschaft, sondern die Frage, **für wen der Staat da ist.** Märkte werden durch Regeln geschaffen und für diese Regeln sorgt der Staat. Jeder Markt bedarf des Staates, um besagte Spielregeln sowohl zu formulieren als auch durchzusetzen.

Quellen

Berger Jens, **Wer schützt die Welt vor den Finanzkonzernen?,**
Westend
Brinkmann Bastian, Die Geprellte Gesellschaft, DVA
Collier Paul, Sozialer Kapitalismus, Penguin Verlag
Gysi Gregor, Marx und wir, atb
Häring Norbert, **Endspiel des Kapitalismus,** Quadriga
Hickel Rudolf, Gewinn ist nicht genug, ro ro ro
Kreiß Christian, **Profit Wahn,** Tectum
Lange Hans-Christian, An ihren Taten sollt ihr sie erkennen, Westend
Mies Ullrich, **Mega Manipulation,** Westend
Müller Henrik, Wirtschaftsirrtümer, campus
Reich Robert B., **Rettet den Kapitalismus!,** campus
Siemers Hagen, Das hätten wir uns sparen können, Tectum
Simon Klaus, **Zwickmühle Kapitalismus,** Tectum
Wallraff Günter, Die Lasten-Träger, Kiepenheuer und Witsch
Weik Matthias, Friedrich Marc, Kapital Fehler, Bastei Lübbe
Weißbrodt Daniel, Deutsche Geschichte 2022-2050, Engelsdorfer
Ziegler Jean, Was ist so schlimm am Kapitalismus, Bertelsmann

Die Repräsentative Demokratie

Die wirkliche Herrschaftsform eines Staates ist nicht an der eigenen Bezeichnung, etwa Demokratie oder Republik, noch an den bestehenden Gesetzen erkennbar, sondern nur daran, wer die Herrschaft tatsächlich ausübt. *Diejenigen haben wirklich die Macht, die ihre Interessen zu ihrem Vorteil durchsetzen können.*

Zeichen echter Demokratie

- Dass in einem reichen Industriestaat wie Deutschland oder den USA **alle Bürger ein gutes Leben haben,** dass also zumindest ihre **Grundbedürfnisse** (Essen und Trinken, Kleidung, Wärme, ärztliche Versorgung), sowie Sicherheitsbedürfnisse (Wohnung, finanzielle Absicherung, Altersversorgung, Schutz vor Gefahren) **erfüllt sind und dass sie am sozialen Leben teilhaben können.**
- Dass das Volk durch **Volksentscheide** über Verfassungsänderungen und Gesetze abstimmen und eigene Gesetze initiieren kann.
- Ein gerechter Staat, der allen Bürgern möglichst viel Freiheit gewährt.
- *Dass die gewählten Repräsentanten zum Wohl und Vorteil der Mehrheit des Volkes, nicht in erster Linie zu ihrem Wohl und dem Wohl einer kleinen Elite entscheiden.*

Alle diese Kriterien einer echten Demokratie waren und sind in Deutschland und auch in den USA nie erfüllt gewesen. In den USA dürfen zwar fast alle Bürger ihre Stimme abgeben, aber fast nur die Reichen können gewählt werden. Eine Präsidentschaftswahl verschlingt mehrere Milliarden, eine Wahl für einen Sitz im Senat durchschnittlich sechs Millionen

Dollar. Die USA haben ein *Einparteiensystem mit zwei rechten Flügeln.*
Beide werden von den großen Unternehmen finanziert.

Die kapitalistische Demokratie ist überwiegend eine *Zuschauer-Demokratie* und zugleich eine *Konsumenten-Demokratie.* Der mündige Bürger
und der rationale Konsument sind von den Eliten nicht erwünscht. Bürger und Konsumenten sind so zu formen, dass sie kompatibel mit den
Interessen der Eliten sind. In der liberalen Konzeption von Freiheit wird
Freiheit als das Recht auf Konsum verstanden und der Bürger als Konsument auf einem Markt. Konsum als Ersatz zur Befriedigung von Freiheitsbedürfnissen eröffnet den Weg zu einer *freiwilligen Unterwerfung.* Das
Gefühl von Freiheit kann durch die Illusion von Demokratie verschafft
werden. Die Bürger nehmen die Bevormundung durch die gewählten Politiker hin, indem sie sich sagen, dass sie ihre Vormünder selbst gewählt
haben.

Demokratie bedeutet altgriechisch Volksherrschaft. Da es schwierig ist,
dass in Deutschland 80 Millionen, in den USA sogar 330 Millionen Bürger
wichtige Entscheidungen treffen, wurde in den Verfassungen beider Länder vereinbart, dass vom Volk gewählte Vertreter das Volk in Volkskammern repräsentieren sollen. *Ihre Entscheidungen sollten dem Wohl der
Mehrheit des Volkes,* nur im Ausnahmefall, wenn es um den Schutz von
Grundrechten oder Minderheiten geht, auch dem Wohl einer kleinen
Minderheit *dienen.*

Lea Elsässer kommt in ihrer Doktorarbeit zu dem Ergebnis, *dass in den
letzten 30 Jahren in Deutschland die Gesetze verschiedener Regierungen,
egal welche Parteien ihr angehörten, immer vorrangig das <u>Wohl der Reichen und Superreichen</u> förderten.* Je höher das Einkommen, desto stärker
stimmten politische Entscheidungen mit der Meinung, den Anliegen und
den Wünschen der Befragten überein, desto höher war also die **Responsivität.** Nur wenn auch die Wohlstandselite von den Gesetzen profitierte,
kamen die neu erlassenen Gesetze auch dem ärmeren Teil des Volkes zugute. Ein Beispiel ist das „Gute Kitagesetz", dass wohl im Interesse aller

Familien mit Kindern war. Argumente der Politik für ihre Entscheidungen waren und sind **Alternativlosigkeit, Sachzwänge, Schwarze Null** (keine neue Staatsverschuldung) **oder das EU-Recht.** Politische und ökonomische Macht stützen sich immer gegenseitig. Auch eine Studie der Universität Princeton USA kam 2012 zu dem Ergebnis, dass seit längerer Zeit politische Entscheidungen in den USA nicht mehr den Wünschen der Bürger, sondern den Interessen einer kleinen Wirtschafts-Elite dienen.

Kritiker der Repräsentativen Demokratie in Deutschland und in den USA sehen in ihr *eine durch freie Wahlen legitimierte Oligarchie* (Herrschaft weniger), *eine Illusion von Demokratie. Sie sei von der <u>Geld- und Machtelite</u> erfunden worden, um eine wahre (direkte) Demokratie zu verhindern und um die bestehenden ungerechten Besitzverhältnisse zu sichern.* Ein Zitat von Kurt Tucholsky, der Reporter in der Weimarer Republik war, lautet: „Wenn Wahlen etwas ändern würden, nämlich die Macht- und Besitzverhältnisse, dann wären sie längst verboten".

Sowohl in der Verfassung der USA als auch im Grundgesetz der BRD, sind auf Bundesebene keine Volksentscheide, die Entscheidungen der Regierung korrigieren könnten, vorgesehen. Das Volk hat also keine direkte Möglichkeit, Entscheidungen der Regierung, auch wenn sie für die Mehrheit des Volkes noch so schädlich sind, rückgängig zu machen. Wichtige Instrumente einer direkten Demokratie fehlen auf Bundesebene komplett. In Deutschland sind auch die Hürden für Volksentscheide auf Landesebene sehr hoch.

Scheindemokratie

Drei Faktoren erwecken in Deutschland den Anschein, dass wir eine echte Demokratie haben:

1. **Scheinbar freie Wahlen.**
2. **Ein Vielparteiensystem,** im Gegensatz zum Einparteiensystem, etwa wie in China.
3. **Eine Formale Gewaltenteilung** in Legislative, Exekutive und Judikative.

Freie Wahlen

Das deutsche Wahlrecht ist entwertet, da nur vorausgelesene Parteikandidaten in der Regel eine Chance haben, in den Bundestag oder in die Landtage gewählt zu werden. Die Wahl der Repräsentanten erschöpft sich aus einem hochgradig vorselektierten Spektrum. Über **sichere Wahlkreise** und über die **Landeslisten der Parteien** stehen bereits vor der Wahl 75% der Kandidaten fest. *Wählbar sind in der Regel Berufspolitiker als Parteisoldaten, die, wenn sie wieder in die Parlamente einziehen wollen, der Partei, nicht dem Volk verpflichtet sind.* Bei einigen Volksvertretern besteht zusätzlich eine *symbiotische Beziehung zu der Wirtschafts- und Finanzelite.* Entweder kommen sie oder gehen sie nach ihrer politischen Karriere in die Wirtschaft oder in die Finanzbranche. *Aus Volksvertretern sind dann Lobbyvertreter geworden.* Unternehmergeld kauft Kandidaten, finanziert Kampagnen, heuert Lobbyisten an und hält ein Heer von Experten.

Wahlen sind außerdem *zwar formal, aber nicht psychologisch frei,* weil der Prozess der Meinungserzeugung höchst wirkungsvoll gesteuert wird. Durch Meinungsmache und Manipulation sind die Wähler so berechenbar gemacht wie Konsumenten. Der Wählerwille kann mit Wahlen nicht ergründet werden. Niemand kann mit dem Stimmzettel für oder gegen Krieg, für oder gegen höhere Renten, für oder gegen Steuererhöhungen und Privatisierung von Volksvermögen stimmen. Die Wahlfreiheit des Wählers besteht lediglich darin, zwischen den sich zur Wahl stellenden Parteien und deren Kandidaten zu entscheiden.

Die gewählten Politiker müssen nach ihrer Wahl ihre Wahlversprechen nicht halten. Unter Hinweis auf fehlende Finanzmittel oder wegen des schwierigen Koalitionspartners ist es eben nicht möglich, seine Wahlversprechen zu halten. Wahlen sind formal frei, *das Volk hat aber tatsächlich nicht die Möglichkeit, die Politik und die Ziele des Staates grundlegend zu ändern.*

Vielparteiensystem

Durch die von den großen Parteien nachträglich 1953 eingeführte 5%-Hürde wird die Zahl der Parteien im Bundestag und in den Landtagen deutlich begrenzt. Die vielen kleinen Parteien, die evtl. eine wirkliche Alternative wären, haben dadurch kaum eine Chance, in die Parlamente zu gelangen. 8 bis 10% der Wählerstimmen fallen durch die 5%-Klausel aus der Urne direkt in den Papierkorb. *Die wenigen Parteien, die diese Hürde überwinden können, haben inzwischen ihre Programme weitgehend einander angepasst. Die neoliberale Denkweise ist in allen Parteien sehr präsent.* Unter den **Kartellparteien** besteht nur noch vordergründig Wettbewerb. *Wenn es um <u>ihr Wohl und das Wohl der Eliten</u> geht, sind sie sich fast immer einig.* Wenn es um den <u>kleinen Mann</u> geht, bremst man sich gegenseitig, sodass von den Gesetzesvorhaben oft nicht mehr viel übrigbleibt. Ein aktuelles Beispiel dafür ist das neue Bürgergeld. Die FDP hätte wohl nie dem ursprünglichen Gesetz zugestimmt, wenn sie nicht durch vorherige Absprachen gewusst hätte, dass die CDU/CSU das Gesetz wieder weitgehend einkassieren würde.

Was es für den Wähler zusätzlich schwierig macht ist der Umstand, dass oft vor der Wahl nicht einmal mehr bekannt ist, wer mit wem koaliert. Es heißt dann nur, „wir werden mit allen demokratischen Parteien sprechen".

Formale Gewaltenteilung

Durch die Abhängigkeit der Abgeordneten aufgrund der **Landeslisten** und wegen des **Fraktionszwangs** ist der Bundestag, die Legislative, mehr oder weniger gegenüber den regierenden Parteien machtlos. Durch den Fraktionszwang wird der vom Volk als Vertreter des Volkes gewählte Parlamentarier oft *vom Volksvertreter zum willenlosen Parteisoldaten* herabgewürdigt.

Unter Angela Merkel haben die Oppositionsparteien in 16 Jahren so gut wie keinen einzigen eigenen Antrag durch das Parlament gebracht. *Es wird immer häufiger nicht mehr nach gesundem Menschenverstand und nach freiem Gewissen, sondern nach Parteibeschluss entschieden.* Abgeordnete, die sich dem Fraktionszwang und damit der <u>Führungselite der Partei</u> (Vorstand, Fraktionsführung) widersetzen, müssen um ihre Wiederwahl bangen. Ihr Hemd (Karriere, sicheres Einkommen) ist den Volksvertretern meistens näher als der Rock (das Wohl) des Volkes.

Auch die Judikative, die die Parteien und die Regierung eigentlich kontrollieren sollte, ist erheblich beeinflusst von den Parteien. Die Verfassungsrichter werden von den Parteien vorgeschlagen, sind oft treue Parteisoldaten. Der aktuelle Präsident des Bundesverfassungsgerichts, Stephan Harbarth, war zuvor viele Jahre stellvertretender Vorsitzender der CDU/CSU-Bundestagsfraktion. Er war nie als Richter, nur als Wirtschaftsanwalt tätig, vertrat VW im Abgasskandal trotz hoher politischer Ämter. Sein langjähriger Geschäftspartner war in den Cum-Ex-Skandal verwickelt. Er sei von seinen Kollegen als Merkels Parteisoldat bezeichnet worden. Bei einem Abendessen am 29. Juni 2021 besprachen sich Richter und Beklagte (Angela Merkel) über die Coronapolitik. Verlässlich schmetterten die Richter fast alle Coronaklagen ab.

Die Richter auf Landesebene werden ebenfalls von den Parteien mitbe-
stimmt und unterstehen dem Justizministerium. Die Staatsanwaltschaft
ist dem Innenministerium unterstellt. Wegen fehlender Unabhängigkeit
der deutschen Justiz gilt der internationale Haftbefehl nicht in Deutschland.

Das Grundgesetz

Das deutsche Grundgesetz (GG) wurde seit dem Inkrafttreten 1949 von
Politik und Medien wegen der pathetischen Aussagen wie „die Würde
des Menschen ist unantastbar" oder „Jeder hat das Recht auf freie Entfaltung" immer wieder in den Himmel gelobt. Dass Worte oft Schall und
Rauch sind, offenbaren die *Hartz- IV-Reformen, die dem Arbeitslosen
seine Würde nehmen und seine freie Entfaltung stark einschränken* (keine
freie Berufswahl, keine Reisefreiheit usw.).

*Das Grundgesetz wurde von den Siegermächten angeordnet und geneh-
migt. Das Volk durfte nie darüber abstimmen.* Die entscheidende Frage
zur Zeit der Beratungen über das Grundgesetz war die deutsche Teilung.
Als die Beratungen für das GG begannen, waren die Zeichen klar auf
Trennung von West- und Ostdeutschland. Die westlichen Siegermächte
unter der Führung der USA wollten einen eigenen westdeutschen Staat.
Auch der spätere Bundeskanzler Konrad Adenauer war für die einseitige
Westbindung und die deutsche Wiederbewaffnung. **Das Volk wünschte
aber eine Vereinigung** (93% im Osten, 73% im Westen). Vor diesem Hintergrund fiel im Westen die Entscheidung, bundesweite Volksabstimmungen generell auszuschließen. *Das westdeutsche Volk durfte über das
Grundgesetz nicht abstimmen, weil die Politiker befürchteten, dass es
wegen der deutschen Teilung abgelehnt werden würde.* Ein Volksentscheid
abzulehnen, weil man Angst vor dem Ergebnis hat, ist wenig demokratisch. Deshalb wurde die Volksabstimmung mit dem Argument

verweigert, dass das GG nur vorläufig, eben ein Grundgesetz sei, das später, nach einer baldigen Wiedervereinigung von einer echten und dauerhaften Verfassung abgelöst werden würde. Namhafte Politiker äußerten: „Da es sich nur um ein Provisorium, um eine Übergangslösung handelt, sei eine Volksabstimmung dazu völlig übertrieben". Auch die Besatzungsmacht USA bestand jetzt nicht mehr auf eine Volksabstimmung. Die Verabschiedung durch die Landtage sollte ausreichen. Deshalb ist schon die Präambel des Grundgesetzes falsch: *„hat sich das deutsche Volk kraft seiner verfassungsgebenden Gewalt dieses Grundgesetz gegeben"*.

Das deutsche Grundgesetz ist nach Artikel 146 GG keine Verfassung, sondern ein ordnungsrechtliches Instrument der Siegermächte. Begriffe wie Bundesverfassungsgericht und Verfassungsschutz sind deshalb zweifelhaft. Der Artikel 146 GG lautet: *"Dieses Grundgesetz, das nach Vollendung der Einheit und Freiheit Deutschlands für das gesamte deutsche Volk gilt, verliert seine Gültigkeit an dem Tage, an dem eine Verfassung in Kraft tritt, die von dem deutschen Volke in freier Entscheidung beschlossen worden ist."* Die damalige Bundesregierung unter Helmut Kohl vertrat aber die durchaus opportunistische und in einer Denkschrift zum Einigungsvertrag festgehaltene Rechtsauffassung, dass eine Anwendung des Art. 146 zwar möglich, aber keineswegs notwendig sei. *Sie hatten wohl Angst, dass eine neue Verfassung die Macht der <u>Parteien</u> und den Einfluss der <u>USA</u> einschränken könnte.*

Das Grundgesetz war eigentlich nur für den Übergang bis zum Friedensvertrag mit den Alliierten vorgesehen. *Deutschland ist de facto bis heute ohne Friedensvertrag besetzt.* Alliierte können Deutschland jederzeit wieder auch politisch besetzen und eine eigene Regierung einsetzen. Deutschland wird seit Ende des Ersten Weltkrieges von der britischen und US-amerikanischen Hochfinanz ausgeschlachtet und klein gehalten. Deutschland ist Nettozahler der EU (40% aller EU-Kosten). Hohe Rabatte (bis 50%) der deutschen Autos in den USA sind selbstverständlich. In der

Finanzkrise zeigte sich auch, dass die Deutsche Bank der verlängerte Arm der US-Banken ist. Zu dieser Zeit hatte die Deutsche Bank faule Kredite der US-Banken in Höhe von 500 Mrd. Dollar in ihren Bilanzen. Deutschland ist auch das einzige Land, das sein Gold nicht im eigenen Land aufbewahren darf. Deshalb kann ein überschüssiger Dollar nicht gegen Gold getauscht werden, solange sich amerikanische Soldaten auf deutschem Boden befinden. Deutsches Gold, das unter dem World Trade Center lag, soll seit 9/11 verschwunden sein. Zu dieser Zeit wären die Goldanleihen fällig gewesen. Außerdem haben die amerikanischen Netzwerke die deutsche Medien- und die Politiklandschaft zunehmend fest im Griff.

Die ostdeutschen Bürger mussten das Grundgesetz der BRD ohne Mitspracherecht übernehmen. Deshalb kann man nur schwer von einer wirklichen Wiedervereinigung sprechen. Es war eher, wenn man auch die *wirtschaftliche Schleifung des Ostens durch die Treuhand* betrachtet, ein Anschluss oder eine Übernahme.

Ein großes Problem des Grundgesetzes ist, dass es den Parteien viel zu viel Macht einräumt:

- **Die Parteien können in eigener Sache entscheiden.** Sie entscheiden über das Wahlrecht, über die Parteienfinanzierung und über Volksentscheide. Die Politiker sind die einzige Berufsgruppe, die ihr Gehalt bzw. Vergütung selbst bestimmen kann.
- **Sie dürfen ihre eigenen Kontrolleure ernennen.** Sie schlagen sowohl die Mitglieder des Bundesverfassungsgerichts, als auch die Mitglieder des Bundesrechnungshofes vor. Die Auswahl des Bundespräsidenten erfolgt in den Hinterzimmern der Parteien. In den Aufsichtsräten der Medien sind die Parteipolitiker zahlreich

vertreten. Wirklich neutrale Kontrolleure der Parteien gibt es deshalb nur wenige.

- **Über Landeslisten und Fraktionszwang können sie,** wie bereits oben beschrieben, **die Gewaltenteilung aushebeln.**
- Eine **ausgeprägte Ämterpatronage,** die bis zur Besetzung von Rektorenstellen mit Parteigenossen reicht. Alle wichtigen Bundes- und Landesbehörden werden von den großen Parteien dominiert.

Von Beginn der Bundesrepublik an ist deshalb eine durch freie Wahlen legitimierte Parteien-Oligarchie entstanden. Die großen Parteien haben sich fast alle Strukturen des Staates unterworfen. *Sie beherrschen die Regierung, das Parlament, die Gerichte, und Behörden, sogar die Meinungsmacher, besonders die öffentlich-rechtlichen Medien.* Die Polit-Marionetten treffen sich zur Ablenkung der Bevölkerung weiterhin im Reichstag, halten ihre Reden und stimmen über die von der Finanzelite vorgelegten Gesetze treffsicher ab. Für eine positive Veränderung ist eine grundlegende Umgestaltung der Parteien notwendig.

Wenn die drei wichtigen Systeme, die Gerichtsbarkeit, die Medien und die Universitäten, zu sehr beeinflusst werden, ist die Demokratie hochgradig gefährdet, weil alle drei Instanzen systemrelevant für eine Demokratie sind.

Wie oben bereits erwähnt, sind Wahlen zunehmend nur noch Pseudowahlen wegen des weitgehend *marktradikalen Allparteienkonsenses.* Ihre Programmatik und ihre politische Praxis sind weitgehend identisch. *Der Bürger hat keine echten Alternativen mehr.* Ein aktuelles Beispiel ist die sogenannte Ukraine-Krise. Alle Parteien, die im Bundestag vertreten sind, sind für Aufrüstung, Waffenlieferungen an die Ukraine und für schwerwiegende Wirtschaftssanktionen gegen Russland, obwohl diese mehr dem deutschen Volk als Russland schaden, den deutschen Wohlstand zerstören und zur Deindustrialisierung Deutschlands führen können. *Alle derzeit im Bundestag vertretenen Parteien fördern eher die*

Interessen der USA (Zunahme der Gewinne der <u>Rüstungsindustrie,</u> der <u>Fracking Gas-Industrie</u> und des <u>Finanzsektors</u>) auf Kosten der <u>deutschen Bürger.</u> *Die Illusion einer Demokratie befriedigt das Bedürfnis des Volkes nach einer Volksherrschaft und verhindert eine Revolution.*

In allen entwickelten repräsentativen Demokratien wächst seit längerer Zeit die Armut. Das Kapital hat mit Hilfe der gewählten Repräsentanten die Herrschaft weitgehend übernommen. Die Politik rottet sich mit den Starken gegen die Schwachen zusammen. Die untere Schicht der Bevölkerung wächst und geht in diesem Machtgefüge sang und klanglos unter, die mittlere Schicht schrumpft ständig. *Die demokratisch gewählten Politiker sind für ihre Länder längst zu großen Schadensstiftern geworden, ein fundamentales Strukturproblem der repräsentativen Demokratien.*

Der marktradikale Kapitalismus erdrückt die Demokratie und wandelt sie in eine Plutokratie, eine Vermögensherrschaft, um. Die Plutokratie stützt sich im Wesentlichen auf drei Säulen:

1. Die **wirtschaftliche Macht:** Kontrolle über die *Produktionsmittel und das Kapital.* Entweder muss man sie selbst besitzen oder Personen haben, die einem Kapital zur Verfügung stellen. Geld wird zur Bestechung und zur Belohnung von Wohlverhalten benötigt.
2. Die **Meinungsmacht,** die Konzentration der Medienlandschaft.
3. Die **Liquiditätsmacht:** Die Fähigkeit dem Staat und seinen Bürgern den Geldhahn nach Belieben auf- und zuzudrehen.

Politiker sind in einer Plutokratie mehr oder weniger willenlose Marionetten derer, die das Geld haben. Die Finanzelite besitzt die wichtigsten Banken und Versicherungen, die größten Investmentfirmen, die Börse, alle wichtigen Presseagenturen und Medienkonzerne. *Die Menschheit wird durch die westliche Finanzelite zunehmend versklavt.* Dieser Vorgang wird oft als Great Reset (großer Neustart) bezeichnet.

Direkte Demokratie

Echte Demokratie darf sich nicht in Wählen oder Protestieren erschöpfen. Sie muss eine neu zu schaffende Form der Wiederaneignung von Macht umfassen.

Als Vorbild einer direkteren Demokratie könnte die Schweiz dienen. Dort gibt es folgende Elemente der direkten Demokratie:

- **Ein obligates Referendum bei jeder Verfassungsänderung.**
- **Ein Volksreferendum, um über Parlamentsbeschlüsse nachträglich abzustimmen.** Dadurch können für die Mehrheit des Volkes schädliche Gesetze ausgebremst werden.
- **Eine Volksinitiative bei Fragen, die das Parlament nicht behandeln will.** Dadurch können notwendige Gesetze beschleunigt werden.

Eine Repräsentative Demokratie ist für die herrschende Elite weitgehend risikofrei, da sie eine Demokratie ohne wirkliche Demokratie ist. *Die Direkte Demokratie wäre aber eine Bedrohung für die etablierte Eigentumsordnung.* 1926 fand in der Weimarer Republik eine Volksabstimmung zur Enteignung der Fürsten ohne Entschädigung statt. 96% der Bevölkerung war für die Enteignung, das Referendum scheiterte aber an der mangelnden Wahlbeteiligung. 50% Wahlbeteiligung war per Gesetz gefordert. 1928 wurde in einem Volksentscheid gefragt, ob die vorhandenen finanziellen Mittel für eine Schulspeisung oder für Panzerkreuzer ausgegeben werden sollen. Auch dieser Volksentscheid scheiterte an einer zu geringen Beteiligung an der Beantragung (10% der Wahlberechtigten war gefordert). Der Vorschlag wurde von der Presse als Propaganda der KPD bezeichnet. Die Abstimmung wäre geheim gewesen, aber nicht die Eintragung zum Volksbegehren. Alle Befürworter für den Volksentscheid wurden von der Presse als Kommunisten verunglimpft. Die Kriegsaufrüstung wurde von den Medien als eine Entscheidung „für oder gegen das Vaterland" bezeichnet.

Wer abstimmen darf, interessiert sich auch. Volksentscheide sind ein Konzept, dass autoritärem Denken, gleich welcher politischen Richtung, grundsätzlich zuwiderläuft. Wo aber die Interessen der Menschen ignoriert werden und eine demokratische Korrektur durch Volksabstimmungen unmöglich ist, entsteht Ohnmacht oder die Gefahr der Radikalisierung. *Wer nicht gehört wird, der resigniert oder schreit umso lauter und heftiger.* Angst, Entwurzelung und Ohnmacht treiben dann in die Arme von rechtsradikalen Parteien. *Rechtsradikale Ideen blühen dort, wo politische Ohnmacht wächst und sozialer Abstieg droht.* Viele Bürger erleben seit längerer Zeit *eine existenzielle, ihr Leben bedrohende Unsicherheit.* Ein hoher Angstpegel und Demokratie sind auf Dauer unvereinbar. Durch die Angst fällt die Person zurück in ein Schwarz-Weiß-Denken, in Freund-Feind-Verhältnisse. Millionen Flüchtlinge sind für viele Bürger Konkurrenten am Arbeits- und Wohnungsmarkt und senken das Lohnniveau. Es verblasst dann, dass Jahr für Jahr weit mehr Geld für öffentliche Subventionen, Steuernachlässe und Rettungsmilliarden in den Taschen von Banken und Konzernen versinkt als für Flüchtlinge ausgegeben wird. *Die geflüchteten Menschen sind sichtbar, der Finanzsektor nicht.*

Plato soll geäußert haben: „Der Preis für Gleichgültigkeit gegenüber der Politik ist, von üblem Pack regiert zu werden". In einer direkten Demokratie haben die politischen Parteien gewöhnlich deutlich weniger Macht. Lügen und haltlose Versprechen kommen seltener vor. Kritiker der direkten Demokratie befürchten, dass durch Volksabstimmungen evtl. Minderheiten nicht genügend geschützt werden.

Wirkliche Demokratie kann auch nur auf lokaler und regionaler Ebene gelebt werden, da fast jede demokratische Entscheidung zum einen die Kompetenz der Entscheider, zum anderen die Betroffenheit von den Folgen einer Entscheidung voraussetzt. *Eine Demokratie für Menschen muss von unten nach oben erfolgen, nicht umgekehrt.*

Zusammenfassend kann festgestellt werden:

Westlich-kapitalistische Demokratien stellen eine neuartige Form totalitärer Herrschaft dar. Sie bedienen sich der Hülse der repräsentativen Demokratie nur noch, *um die eigentlichen Zentren politischer Macht für die Öffentlichkeit unsichtbar zu machen.* Von Demokratiekritikern wird der aktuelle Zustand als **Postdemokratie** bezeichnet. Die Postdemokratie ist ein Regierungssystem, in dem die formalen demokratischen Institutionen de facto von privilegierten Wirtschaftseliten kontrolliert werden und nicht mehr von den Bürgern. Doch eine Herrschaft, in der das Volk kaum mehr vorkommt, ist nur noch Herrschaft, keine Volksherrschaft, keine Demokratie mehr.

Der Marktradikalismus ist säkularisierte Ersatzreligion, Herrschaftsideologie und Klassenprojekt in einem. *Er wird von den meisten Bürgern in völliger Verkehrung der eigenen Interessen mitgetragen oder zumindest geduldet.* Das Toten Glöcklein der Demokratie wird bereits eigentlich unüberhörbar geläutet, aber von den meisten Bürgern noch überhört.

Quellen

Von Arnim Hans Herbert, **Die Hebel der Macht,** Heyne
Balzer Markus, Ritzer Uwe, Lobbykratie, Knaur
Bittner Wolfgang, **Deutschland verraten und verkauft,** zeitgeist

Bülow Marco, Lobby Land, Das neue Berlin

Dowideit Anette, Die Angezählten, campus

Elsässer Lea, **Wessen Stimme zählt,** campus

Fuß Holger, Vielleicht will die SPD gar nicht, dass es sie gibt, FBV

Gemeinschaft für Frieden und Gerechtigkeit (GFG), Demokratie versus Parteienherrschaft, tredition

Kaffenberger Bijan, Was machen Politiker eigentlich beruflich?, ro,ro

Koschnick Wolfgang, **Eine Demokratie haben wir schon lange nicht mehr,** Westend

Kreutzer Egon W., **Demokratie Fiktion der Volksherrschaft,** BoD

Lange Simone, Sozialdemokratie wagen, Plassen Verlag

Mausfeld Rainer, Angst und Macht, Westend

Mies Ullrich, Wernicke Jens, **Fassadendemokratie und tiefer Staat,** Pro Media

Mies Ullrich, Schöne neue Welt 2030, Pro Media

Müller Albrecht, Die Revolution ist fällig, Westend

Schäfer Bodo, Rente oder Wohlstand, FBV

Schlabach Peter, **Die Geburtsfehler unserer Demokratie,** tredition

Wagenknecht Sahra, Couragiert gegen den Strom, PIPER

Willemer Friedemann, **Vom Scheitern der repräsentativen Demokratie,** August von Goethe Verlag

Willet Florian, Wie uns die Parteien über den Tisch ziehen!, solibro

Extreme Ungleichheit

Arme und reiche Menschen hat es zu allen Zeiten gegeben. In den letzten 30 Jahren hat die **ökonomische, soziale** (gesellschaftliche Anerkennung) und **politische** (Zugangsrechte, Repräsentation) **Ungleichheit,** auch in den hochentwickelten Industrieländern, wieder deutlich zugenommen. 2014 besaßen weltweit 85 Personen so viel wie die halbe Menschheit, 2015 waren es 62 Personen, **2016 waren acht <u>Superreiche</u> so reich wie etwa vier Milliarden Erdenbürger.** Exzessiver Reichtum ist das Ergebnis struktureller Raub-, Plünderungs- und Unterdrückungsverhältnisse

Durch die Corona-Krise und den Ukraine-Krieg ist die Ungleichheit noch weiter gestiegen. Während der Coronazeit nahm das Vermögen der Superreichen in 2 Jahren um etwa 100% zu, so viel wie in den letzten 14 Jahren zusammen.

Von Oskar Lafontaine stammt der Ausspruch: „Es ist die Glut der sozialen Gerechtigkeit erloschen, ohne die die Welt nicht in Frieden und Freiheit leben kann".

Bilanz von arm und reich in Deutschland

Armut ist nicht nur eine Frage des **Einkommens,** sondern zugleich eine **Frage des Preisniveaus,** der Kosten für Miete, Heizung, Nahrungsmittel und Bekleidung. Mit dem Bau bzw. der Förderung der Errichtung von Sozialwohnungen hätte der Staat die Folgen der Einkommensarmut lindern können. 2014 gab es in Deutschland 335 000 Wohnungslose, 2018 waren es schon 678000. 8% der Wohnungslosen waren Kinder. Erheblich mehr Familien wohnen in überbelegten und zu engen Wohnungen. 2018 lebten 41 000 Menschen auf der Straße, fast die Hälfte osteuropäische EU-Bürger. Fast **1000 Lebensmitteltafeln** gibt es in Deutschland, weil in einem der reichsten Länder der Erde die alltägliche Not wächst. Der

Sozialstaat verlässt sich darauf, dass es Lebensmitteltafeln gibt, an denen Bedürftige ein Gnadenbrot bekommen. Sie werden hauptsächlich mit dem versorgt, was sonst kostenpflichtig entsorgt werden müsste. Meine Haltung zu den Tafeln ist zwiespältig. Einerseits leisten die vielen ehrenamtlichen Helfer eine ehrenwerte Aufgabe der Nächstenliebe, andererseits *breiten die Tafeln nach den Worten von Heribert Prantl ein deutschlandgroßes Tischtuch über die Armut.* Die Nutzer der Tafeln sind keine Randgruppe, weil zwei Millionen Menschen keine Randgruppe sind. *Es verbindet die Armen nur Hartz IV, egal ob sie arbeiten oder nicht.* Die Zahl der Tafeln ist seit Einführung der Hartz-IV-Reformen stark gestiegen.

Armut und Reichtum sind zwei Seiten einer Medaille. Es ist notwendig, dass man zwischen **absoluter bzw. existenzieller** und **relativer Armut** unterscheidet. Absolut arm ist, wer seine Grundbedürfnisse (Essen, Wasser, Kleidung, Wohnung, Heizung) nicht zu befriedigen vermag. Von relativer Armut betroffen ist, wer zwar seine Grundbedürfnisse befriedigen, sich aber auch nur das Allernötigste leisten und mangels finanzieller Mittel nicht oder nicht in ausreichendem Maße sich am gesellschaftlichen, kulturellen und politischen Leben beteiligen kann. Ein Leben in Würde ist so nicht möglich. Die relative Armut verweist nach Christoph Butterwegge auf den Wohlstand, der sie umgibt, und den Reichtum, der sie hervorbringt.

Beim Reichtum werden drei Grade unterschieden:

1. **Wohlstand** besteht, wenn das doppelte mittlere Einkommen von derzeit 3156 € pro Monat zu Verfügung steht. Großer Luxus ist ohne Erbschaft meistens jedoch nicht mehr möglich.
2. **Fragiler Reichtum** besteht, wenn das Haushalts-Gesamtvermögen über 1,2 Mio. € beträgt, aber ohne Berufstätigkeit eine Kapitalaufzehrung notwendig ist.

3. **Stabiler Reichtum** liegt vor, wenn das Haushalts-Gesamtvermögen mindestens 2,4 Mio. € beträgt und das bestehende Kapital
   auch ohne Berufstätigkeit erhalten bleibt.

Bei den Superreichen unterscheidet man zwischen **Konzern-, Börsen-
und Erbreichtum.** Unterscheiden muss man auch zwischen Vermögen
und Einkommen durch Arbeit. Vermögen fördert und erhält Reichtum
zugleich, Lohn und Gehalt können hingegen schlagartig entfallen. Sie
hängen auch miteinander zusammen. *Die Lohnkürzungen des Arbeiters*
sind die Boni der Manager und die Dividenden der Kapitalbesitzer.

Systembedingte Ungleichheit

Es gibt drei Deutungsmuster für Ungleichheit:

1. **Die Unvermeidbarkeit.** Es gab immer arme und reiche Menschen.
   Dies sei ein Naturgesetz.
2. **Die Herkunftsbedingtheit.** Es sei gottgewollt, dass es privilegier-
   tere und ärmere Familien gibt. Während der **lutherische Pietis-**
   mus im Glauben an die allgemeine Gnade Gottes das Ideal der
   Gleichheit vertrat, predigte die **calvinistische Prädestinations-**
   lehre des Puritanismus ein Ideal der Ungleichheit. „Wen Gott
   liebt, den lässt er reich werden".
3. **Die Systembedingtheit.** Entscheidend sind die Eigentumsver-
   hältnisse und wie oben bereits erwähnt die private Geldschöpfung. Von großer Bedeutung sind auch die Entscheidungen der
   Politik.

Drei Faktoren sind für die Dauerhaftigkeit der systembedingten sozioökonomischen Ungleichheit wesentlich:

1. **Eigentumsansprüche auf Land, Nutztiere und Produktionsmittel.** Die Ungleichheit wurzelt in den kapitalistischen Produktions- Eigentums- und Herrschaftsverhältnissen. Es gibt drei große gesellschaftliche Gruppen, die von Arbeitslohn, Profit oder Grundrente leben.

   Mit **meritokratischer Triade** ist der Bildungsabschluss, der berufliche Rang und das Geldeinkommen gemeint. Sie spielt eine wesentliche Rolle für einen möglichen sozialen Auf- oder Abstieg.
2. **Die Fähigkeit, das Vermögen von einer Generation auf die nächste zu übertragen (Erbrecht).**
3. **Die gesellschaftliche Akzeptanz solcher Transaktionen.** Ein Großteil der heute bestehenden Ungleichheit ist das Ergebnis staatlicher Politik.

Hyperreichtum erzeugt Ungleichheit, die wiederum den sozialen Frieden untergräbt und die parlamentarische Demokratie gefährdet. *Sowohl massenhafte Armut wie auch unermesslicher Reichtum sind Totengräber der Demokratie.* Gleichheit, Gerechtigkeit und Glück gehören zusammen.

Die Zunahme der ökonomischen Ungleichheit ist seit Jahrzehnten bedingt:

* **Durch die Umverteilung von unten nach oben, von arm nach reich.**
* **Durch die Umverteilung von den Süd- zu den Nordländern, von den Entwicklungsländern zu den Industriestaaten.**
* **Durch die Umverteilung von der öffentlichen in die private Hand durch die Privatisierung** der für die menschlichen

Grundbedürfnisse notwendigen staatlichen Institutionen (Wohnung, Energie, Wasser, Verkehr).

Ursachen für die große zunehmende Vermögensungleicheit in Deutschland und in anderen Industriestaaten sind:

- **Die Globalisierung.**
  Sie führte zum **Freihandel,** zum **Abbau von Zöllen** und Kapitalverkehrskontrollen, zur **Verlagerung von Arbeitsplätzen in Billiglohnländer, zur Steuervermeidung,** zur Absenkung der Standards im Arbeitsrecht und zu **Monopolen.** Globalisierung ist eigentlich ein anderes Wort für das *Vordringen der US-amerikanischen Herrschafts- und Lebensweise* auf dem Erdball. Ihre Instrumente sind Waffen, Geld, Öl und Medien.
- **Die Steuer- und Subventionspolitik der Regierungen.**
  Eine wichtige Rolle spielen dabei die käuflichen Politiker und Wissenschaftler. Die **Vermögenssteuer** wurde abgeschafft, die **Unternehmenssteuern** gesenkt, die besonders die Armen betreffende **Mehrwertsteuer** angehoben. Bitter ist es besonders für den Normalverdiener, der den größten Teil seines Einkommens konsumieren muss, dass er zweimal besteuert wird. Er kauft Waren, auf die Mehrwertsteuer verlangt wird, mit bereits versteuertem Einkommen. *Eine lebende Demokratie würde niemals auf die Vermögenssteuer verzichten.* Die Demokratie im Endstadium hat es getan. Welche Gesellschaft kann es sich auf Dauer leisten, einer privilegierten Gruppe von Egoisten so viele Freiheiten einzuräumen.

  Auch die **Erbschaftssteuer auf Betriebsvermögen** wurde geringer. Das **Ehegattensplitting** wurde beibehalten, obwohl unter den heutigen Arbeitsbedingungen ein **Familiensplitting** sinnvoller und gerechter wäre.

- **Die veränderten Regeln am Arbeitsmarkt und der damit einhergehende Sozialabbau.**

Automatisierung, Robotisierung und **künstliche Intelligenz** haben und werden Arbeitsplätze vernichten. Unter dem Druck der Hartz-IV-Reformen ist ein riesiger **Niedriglohnsektor mit prekären Arbeitsverhältnissen,** besonders durch das Outsourcing der Arbeitsplätze an **Subunternehmer,** entstanden. *Während Mieten stark stiegen, stiegen Löhne und Gehälter nur mäßig oder gar nicht.*

- **Mit Hartz IV** wurden aus der Arbeitslosenhilfe Hartz-IV-Almosen, eine Art Sozialhilfe. Der Berufsschutz ist weggefallen. Dem arbeitslosen Ingenieur kann jetzt zugemutet werden, zum Beispiel auf dem Bau zu arbeiten, wenn er seine Unterstützung nicht verlieren will. Auch das Kindergeld wird auf Hartz IV angerechnet. Milliarden von Euro kommen seit der Reform nicht mehr dem bedürftigen Arbeitslosen, *sondern der Kontrolle und der mit Hartz IV entstandenen Sozialindustrie* (Fortbildungs- und Beschäftigungsmaßnahmen) zugute. Die Lebensqualität vieler Menschen hat sich durch die **Droh- und Erschöpfungspraktiken,** die mit dem Arbeitsplatzverlust, dem Hartz-IV-System und den Dumpinglöhnen zusammenhängen, deutlich verschlechtert. *Die Hartz-IV-Reformen haben lediglich die Zahl der Armen ohne Arbeit reduziert und dafür die Zahl der Armen mit Arbeit erhöht.*

- **Die unkontrollierten Finanzmärkte.**

Finanzspekulationen sind an der Tagesordnung. **Hedgefonds** kaufen Firmen auf, zerstückeln sie und verkaufen sie weiter. Firmen und Staaten geraten immer mehr in die Schuldenfalle, der Einfluss auf die Politik wird dadurch größer. *Wissenschaft und Medien befinden sich immer häufiger in privater Hand.*

- **Die Geldpolitik der Zentralbanken.**
Die **Null-Zins-Politik der EZB,** die noch autonomer ist als ihr Vorbild, die Deutsche Bank, und **der US-amerikanischen Zentralbank FED** haben die Sparer enteignet. Wegen des billigen Geldes sind **Aktien- und Immobilienblasen** entstanden. Großkonzerne bekommen durch **Ankauf von Firmenanleihen** fast kostenlos Kredite, was ihre Konkurrenzfähigkeit gegenüber kleineren Betrieben deutlich erhöht. Der **Ankauf auch von fast wertlosen Staatsanleihen,** etwa von Griechenland oder Italien, verstärkt die Krisen.

Schwierig für die EZB ist es, die Zinsen wieder anzuheben ohne die Konjunktur abzuwürgen und einen Kurssturz an den Aktienmärkten herbeizuführen. Der Schaden für das Kapital durch sinkende Aktien wäre größer als der Nutzen durch höhere Zinseinnahmen.

- **Die Privatisierung öffentlicher Aufgaben.**
Öffentlich oder genossenschaftliche Wohnungen wurden zu Spottpreisen verkauft, der soziale Wohnungsbau wurde stark reduziert. *Kapitalverwertungsinteressen von Finanzinvestoren und Wohnbedürfnisse von Mietern sind nur schwer miteinander vereinbar.* Die Energie- und Wasserversorgung wurden in private Hände gegeben. Auch das Gesundheitswesen und ein Teil der Rentenversicherung wurden dem privaten Markt ausgeliefert. **Die Preise für die lebensnotwendigen Grundbedürfnisse** (Wohnung, Energie, Wasser, Mobilität, gesundheitliche Versorgung) **stiegen durch die Privatisierung stark an.**
Die Arbeitsverhältnisse der Mitarbeiter der privatisierten Firmen verschlechterten sich oft in Bezug auf Gehalt, Arbeitsbedingungen und Arbeitsplatzsicherheit. Eine funktionierende Demokratie hätte grundsätzlich dazu führen müssen, dass sämtliche

Einrichtungen der Daseinsvorsorge dem Zugriff des Marktes entzogen werden und entzogen bleiben.

- **Die Migrationspolitik.**

Billige Arbeitskräfte aus dem EU-Ausland üben Druck auf weniger qualifizierte deutsche Arbeitskräfte aus, führen zu Lohndumping, schwächen die Gewerkschaften und verhindern Arbeitsstreiks. *Die Migranten konkurrieren überwiegend mit dem ärmeren Teil der Bevölkerung um Wohnraum, Arbeitsplätze und Sozialleistungen.* Für die Reichen, die ihre Gutherzigkeit mit einer Willkommenskultur beweisen wollen, ergeben sich billige Servicekräfte, etwa in der häuslichen Krankenpflege oder am Bau. *Für die Politik haben Flüchtlinge eine Ablenkungs- und Sündenbockfunktion,* lenken von den wirklichen Ursachen der Kluft zwischen Arm und Reich ab. Das Motto lautet hier wie im „alten Rom": **dividere et impera, teile und herrsche.** Politisch willkommen sind eigentlich nur diejenigen Flüchtlinge, die den Sozialstaat nicht belasten und einen volkswirtschaftlichen Nutzen als Ersatz für fehlende Fachkräfte haben. Das angeblich humanitäre Asylrecht ist eine große Heuchelei.

- **Die Corona-Politik der Regierung.**

Großkonzerne, etwa die Lufthansa, bekamen Subventionen, auch wenn sie im selben Jahr Boni an ihre Manager und hohe Dividenden an ihre Aktionäre ausschütteten. Kleinere Firmen machten Pleite, Selbstständige bekamen Berufsverbot. Viele Menschen im unteren Lohnbereich mussten in die Kurzarbeit.

- **Der Ukraine-Krieg und die Wirtschaftssanktionen gegen Russland.**

Der Angriff auf die Ukraine ging von Russland aus, die **Wirtschaftssanktionen** aber von der angeblichen westlichen Wertegemeinschaft. Man hat nicht Putin oder den Oligarchen, die finanziell abgesichert sind, wesentlich geschadet, sondern dem russischen Volk. *Der wirtschaftliche Schaden für Europa und besonders für Deutschland ist aber noch viel größer. Die Energiekosten sind explodiert, die Inflation ist so hoch wie lange nicht mehr.* Verlierer sind die <u>Bürger,</u> wie bei der Corona-Krise neben der Unterschicht auch die untere und mittlere Mittelschicht. Zu den Mittelschichten gehört, wer genug hat, um mehr daraus machen zu können, aber zu wenig, um nichts mehr tun zu müssen. Für die Unterschicht besteht zunehmend die Gefahr, dass sie in die absolute Armut (weniger warme Mahlzeiten, Wohnungsverlust), für die Mittelschicht besteht die Gefahr, dass sie in die relative Armut (keine Teilhabe mehr am sozialen Leben) abrutschen.

Auch wird mit den Sanktionen keinerlei Rücksicht auf die <u>in Armut lebenden Menschen in den Entwicklungs- und Schwellenländern</u> genommen. *Armut, Hunger und Flucht haben seit den Wirtschaftssanktionen gegen Russland weltweit stark zugenommen.*

Die **Umweltzerstörung** hat sich durch den Krieg und die Wirtschaftssanktionen (Fracking-Gas, Weiterbetrieb der Kohlekraftwerke) verstärkt.

<u>Stark profitiert vom Krieg und den Sanktionen hat besonders die US-dominierte Hochfinanz</u> u.a. durch ihre weltweite Rüstungsindustrie und ihre internationale Energiewirtschaft.

Ursachen weltweiter Armut

Absolute Armut gibt es besonders in den Entwicklungs- und Schwellenländern in Afrika und Asien. *Die Politik der Privatisierung des Internationalen Währungsfonds (IWF) kommt einer Re-Feudalisierung, besonders in Afrika, gleich.* Mit ihrer Hilfe konnten westliche Großkonzerne für wenig Geld die Filetstücke der Entwicklungsländer (Rohstoffe, Energie, evtl. billige Arbeitskräfte) erbeuten. Bedingungen für Kredite des von den USA beherrschten **IWF** und der **Weltbank** waren die Öffnung des Landes für Großkonzerne, Wegfall von Zöllen, Privatisierung der öffentliche Daseinsversorgung und die Kürzung von Sozialleistungen durch den Staat. Die mit den Geldgebern verbündeten Geheimdienste der USA und anderer westlicher Länder haben demokratische, sich nicht dem neoliberalen Kapitalismus ergebende Regierungen gestürzt und dafür oft autoritäre und grausame Vasallen, die sich maßlos bereichern durften, an die Macht gebracht. Dazu kommt, dass durch Fehlplanung etwa ein Drittel aller weltweit erzeugten Lebensmittel nicht im Magen, sondern im Müll landet.

Besonders **Erdöl und Erdgas** spielen bei der ökonomischen Ungleichheit eine große Rolle. *Sie machen einige wenige wohlhabend und reich, viele aber arm und krank.* Sie führen zu Ressourcenkriegen, oft in den armen Ländern, zerstören auch die Umwelt.

Bildung gegen Armut?

Eine gerechte Gesellschaft ist eine Gesellschaft, die allen Menschen ein Leben in Würde und Selbstachtung ermöglicht. Sozial und gerecht ist nicht, wie oft behauptet wird, was Arbeit schafft, sondern nur, was Armut abschafft. *Alle Bundesregierungen ab 1980 förderten den privaten Reichtum ohne Rücksicht auf die damit wachsende öffentliche Armut.*

Oft wird fehlende Bildung, die auch Persönlichkeitsbildung und Herzensbildung umfassen sollte, als Grund für Armut angeführt. *Pädagogik kann aber weder eine gerechte Steuerpolitik noch eine Armut bekämpfende Sozialpolitik ersetzen.* Bildung garantiert weder den beruflichen und sozialen Aufstieg, noch verhindert sie den wirtschaftlichen Abstieg (prekär beschäftigte Akademiker). Bildung schützt zwar eher vor

Arbeitslosigkeit, nicht aber, besonders seit den Hartz-IV-Reformen, vor beruflicher Abwertung. **Im deutschen Niedriglohnsektor sind auch viele Qualifizierte beschäftigt.** Wer wenig verdient, wird es auch bei aller Sparsamkeit wegen der hohen Lebenshaltungskosten zu nichts bringen.

Armut macht auf die Dauer „dumm". Gewaltige Hirnkapazitäten werden Tag aus Tag ein für nichts anderes genutzt als für trübe Gedanken, wie das Leben weitergehen und wie das Geld nur reichen soll. Der mit den Lebensumständen verbundene negative Stress macht krank, alt und lässt die Lebenserwartung deutlich sinken. Die durchschnittliche Lebenserwartung prekär lebender Männer ist gegenüber den sehr reichen Geschlechtsgenossen über 10 Jahre niedriger.

Dummheit macht jedoch nicht unbedingt arm. Es ist keine Leistung, der Sohn oder die Tochter eines Multimillionärs oder eines Milliardärs zu sein. Dies wird aber bei der Höhe der Erbschaftssteuer nicht berücksichtigt.

Mythos Leistungsgesellschaft

Der Mythos oder das Ideal von der Leistungsgesellschaft entspricht nicht der Realität. Früher hatten die Arbeiter die nötige Verhandlungsmacht, heute, nachdem die Gewerkschaften weitgehend ruhiggestellt sind, haben sie einen erheblichen Mangel an wirtschaftlicher und politischer Macht. 2014 lebten über zwei Drittel der US-amerikanischen Bevölkerung „von der Hand in den Mund", hatten also keinerlei finanzielle Rücklagen. 2013 gab es in den USA **47 Millionen Erwerbsarme.** 50% der Tafelbesucher in diesem eigentlich reichen Land sind inzwischen Erwerbstätige. Das Kernproblem ist die Macht. Es ist eine gigantische Umverteilung von Verbrauchern, Arbeitern, kleinen Geschäftsleuten und Kleininvestoren hin zu Top-Führungskräften sowie großen Inhabern von Wertpapieren und Immobilien erfolgt. *Das eigentliche Problem ist nicht die Zahl der Arbeitsplätze, sondern die Zuteilung von Einkommen und Reichtum.*

Nicht die Unternehmensspitzen, sondern mächtige Finanzkonzerne, wie die Aktiengesellschaften **BlackRock** und **State Street** sowie **Vanguard,** eine Genossenschaft, sind die Lenker der größten und mächtigsten Konzerne der Welt. Sie sind bestrebt, Gewinne zu erwirtschaften, Dividenden an ihre Aktionäre und Boni an das Management auszuschütten. BlackRock ist wohl das mächtigste Unternehmen der Welt und eine große Gefahr für das Allgemeinwohl. BlackRock hat lediglich 14500 Mitarbeiter. 2018 wurde pro Mitarbeiter ein Ertrag von einer Million US-Dollar erwirtschaftet. BlackRock-Gründer Larry Fink, ist heute unbestrittener König der Wall Street. BlackRock verwaltet etwa 2000 aktiv gemanagte Investmentfonds und etwa 700 Indexfonds. Mehr als 2000 Finanzunternehmen sind unter dem Dach von BlackRock registriert. Der CDU-Parteichef Friedrich Merz war von 2016 bis 2020 Aufsichtsratsvorsitzender und Lobbyist für BlackRock in Deutschland. Die Finanzkonzerne sind amoralisch, fühlen sich einzig und allein ihren Anlegern und der Vermehrung ihrer Spareinlagen verpflichtet. Sie sind undemokratisch und kennen weder soziale Gerechtigkeit noch Solidarität. *Sie sind Triebfedern der Umverteilung von unten nach oben.*

Immer wieder wird von den Sozialverbänden eine Umverteilung von oben nach unten gefordert. In Anbetracht der seit Jahrzehnten bestehenden, politisch unterstützten Umverteilung von unten nach oben müsste man statt von einer Umverteilung von einer **Rückverteilung** sprechen. **Einkommens-, Vermögens- und Erbschaftssteuer** wären staatliche Instrumente der Rückverteilung.

Quellen

Augstein Jakob, Blome Nikolaus, Oben und Unten, DVA
Becker Joachim, Der erschöpfte Sozialstaat, Eichborn
Behrends Jenna, Rabenvater Staat, dtv

Berger Jens, **Wem gehört Deutschland,** Westend

Bergmann Stefan, In zehn Stufen zum BGE, BoD

Butterwegge Christoph, Die zerrissene Republik, Beltz Juventa

Butterwegge Carolin, Budderwegge Christoph, Kinder der Ungleichhheit, campus

Butterwegge Christoph, **Ungleichheit in der Klassengesellschaft,** PapyRossa Verlag

Chomsky Noam, **Kampf oder Untergang,** Westend

Die Armutskonferenz, Stimmen gegen Armut, BoD

Dowideit Annette, Die Angezählten

Flassbeck Heiner, **Gescheiterte Globalisierung,** suhrkamp

Fratzscher Marcel, Verteilungskampf, Piper

Greis Christian, Zur Zukunft eines BGE, Pro Medis

Hengsbach Friedhelm, Teilen nicht töten, Westend

Herrmann Ulrike, Ein Wirtschaftsmärchen, Westend

Hooks Bell, Die Bedeutung von Klassen, Unrast

Horn Gustav A., **Des Reichtums fette Beute,** campus

Mayr Anna, Die Elenden, Hanser und Berlin

Müller Gerd, Umdenken – Die Überlebensfrage der Menschheit,

Piketty Thomas, **Ökonomie der Ungleichheit,** C.H.Beck

Prantl Heribert, **Eigentum verpflichtet,** GGP Media

Saez Emanuell, Der Triumpf der Ungleichheit, Suhrkamp

Seitz Volker, Afrika wird armregiert, dtv

Steller Daniel, **Das Märchen vom reichen Land,** FBV

Stiglitz Joseph, Der Preis der Ungleichheit, Pantheon

Trinkwalder Sina, Zukunft ist ein guter Ort, Droemer Verlag

Vogel Hans-Jochen, Mehr Gerechtigkeit, Herder

Wagenknecht Sahra, Die Selbst-Gerechten

Wagenknecht Sahra, **Freiheit statt Kapitalismus,** dtv

Wehler Hans-Ulrich, Die Neue Umverteilung, C.H. Beck

Weik Matthias, Friedrich Marc, Der größte Raubzug der Geschichte

Die Sieger schreiben die Geschichte

Kriege beginnen fast immer mit Lügen. Dem Beginn der Kriege gehen zumeist monate- oder sogar jahrelange **Propaganda- und Hetzkampagnen** gegen den Gegner voraus, der damit zum angreifbaren Unmenschen wird.

Wenn nur ein Teil der Wahrheit berichtet und ein anderer Teil weggelassen wird, entsteht ein falsches und unvollständiges Bild der Geschichte. Über Jahrzehnte hat man uns in der Schule und in den Medien ein sehr einseitiges, siegerfreundliches Geschichtsbild des 20. Jahrhunderts vermittelt.

Hitler ist zum „Goldstandard" des Bösen geworden. Der Ursprung unseres Hitlerbildes liegt in der Kriegspropaganda der Siegermächte. Der Gegensatz dazu war die Führer-Verklärung der NS-Propaganda. Am Hitler-Narrativ darf nicht gerüttelt werden. Er wird und wurde meistens als **Monster-Versager,** abgrundtief böse und eine vollkommene Niete, dargestellt. Jeder, der versucht, dieses Narrativ zu korrigieren, wird schnell in die rechte Ecke geschoben und evtl. als Neo-Nazi bezeichnet.

Es muss eine Erklärung von einer Rechtfertigung unterschieden werden. Sie ist keine Rechtfertigung für Hitlers Verhalten. **Der Holocaust ist unentschuldbar.** Ein Versteher ist auch kein Verehrer. *Wo aber Verstehen verboten wird, regieren Glaubensbekenntnisse.* Wie viele andere Diktatoren und auch der neoliberale „Raubtier-Kapitalismus" achtete Hitler Menschenleben insgesamt gering. Dabei spielten wohl seine grausamen Erfahrungen als Frontsoldat im Ersten Weltkrieg eine Rolle.

Immer schon hat die Klasse der Herrschenden Kriege erklärt. Und immer schon hat die Klasse der Untertanen die Schlachten geschlagen. Die Oberschicht hat viel zu gewinnen und eher wenig zu verlieren, die Unterschicht ihr Leben.

Die Weltkriege

Der Erster und Zweiter Weltkrieg hängen eng miteinander zusammen. Ohne den von den Westmächten erzwungenen **Versailler-Vertrag,** ohne die durch US-amerikanische Aktienspekulationen ausgelöste **Weltwirtschaftskrise,** ohne die **US-amerikanischen Intrigen** und ohne die **Förderung Hitlers durch die Hochfinanz der USA** hätte es keinen Zweiten Weltkrieg und auch keinen Holocaust gegeben. Deshalb sollte man für ein neues Geschichtsverständnis die gesamte Zeit von 1914 bis 1945 betrachten.

Der Erste Weltkrieg wurde bereits Jahre vor seinem Beginn in London, Paris und an der New Yorker Wallstreet geplant. Die wachsende wirtschaftliche Stärke von Deutschland sahen die Angelsachsen und die USA mit großem Unbehagen. Schon vor dem Ersten Weltkrieg standen Deutschland, Großbritannien und die USA längst wirtschaftlich und politisch unter Kontrolle der Bankiers-Familien.

1907 bei einer Bankiers-Versammlung äußerte J.P: Morgan: „Der deutsche Wirtschaftskörper kann der internationalen Weltwirtschaft nur eingegliedert werden, wenn man Deutschland durch einen Krieg politisch zerschlägt, d.h. wir brauchen einen Weltkrieg". Der damalige New Yorker Erzbischof stellte fest: *„Der Erste Weltkrieg ist ein Kampf zwischen dem internationalen Kapital und den regierenden Dynastien. Das Kapital wünscht, niemanden über sich zu haben.* Der Gewinn soll zur alleinigen Richtschnur der Regierenden werden".

Der Schweizer Historiker und Friedensforscher Daniele Ganser behauptet in seinem Buch, Imperium USA: „Eine geheime, wohlhabende Elite in London und Washington entschieden mit den Morden in Sarajevo, die wohl mit Hilfe des englischen Geheimdienstes erfolgten, Deutschland in einen Krieg zu verwickeln und dauerhaft zu schwächen".

Eine kurze Biografie über Adolf Hitler

Nach dem Buch von Brendan Sims, „Hitler", war das Leben von Adolf Hitler in den ersten drei Lebensjahrzehnten von Bedeutungslosigkeit und Elend geprägt. Seine Mutter war die Cousine des Vaters, nur zwei ihrer sechs Kinder überlebten. Zum Vater, der streng, gewalttätig und wohl Alkoholiker war, hatte er ein sehr schlechtes Verhältnis. Seine Mutter hatte er sehr geliebt, musste als Jugendlicher den tragischen Tod der Mutter an Brustkrebs mit 46 Jahren miterleben. Ihrem jüdischen Hausarzt, der sich während ihrer Krankheit aufopferungsvoll um seine Mutter kümmerte, war er zeitlebens sehr dankbar. Als nach Hitlers Machtergreifung in Österreich die Juden verfolgt wurden, ließ er ihn unter besonderen Schutz stellen.

Nach dem Tod der Mutter siedelte er mit einem kleinen Erbe nach Wien um, wo er zeitweise in einer Obdachlosenunterkunft lebte. Dort teilte er fast ein Jahr ein Zimmer mit einem jüdischen Freund. An der Wiener-Kunstakademie wurde sein künstlerisches Talent nicht anerkannt. Er ernährte sich mühsam als Kunstkartenmaler. Seine Karten wurden von zwei befreundeten jüdischen Geschäftsleuten mit Bilderrahmen verkauft. Obwohl er die Realschule abgebrochen hatte, war er sehr belesen. Hitler soll in Wien gleichzeitig in sechs Bibliotheken angemeldet gewesen sein, man habe ihn ständig mit Büchern unter dem Arm angetroffen. Bis tief in die Nacht habe er, besonders philosophische, wirtschaftliche und künstlerische Bücher, gelesen. Seine Bibliothek auf dem Obersalzberg soll 60000 Bücher umfasst haben.

Im Mai 1913 kam er verarmt nach München, wo er weiterhin in sehr ärmlichen Verhältnissen lebte. 1914 meldete sich Hitler freiwillig für die bayrische Armee. Im Ersten Weltkrieg wurde er verwundet, ausgezeichnet, geblendet und besiegt. Sehr glücklich war er über die Auszeichnung mit dem Eiserne Kreuz, dass ihm auf Empfehlung seines jüdischen Vorgesetzten, Hauptmann Hugo Gutmann, verliehen wurde. Überrascht war er, dass zahlreiche amerikanische Kriegsgefangene gut deutsch sprachen, da sie wohl aus wirtschaftlichen Gründen in die USA ausgewandert waren. Mitte Oktober 2018 wurde er durch einen Giftgasangriff der Briten schwer verwundet.

Der erste Weltkrieg

1914:

Am 28 Juni ereignete sich in Sarajevo ein Attentat, das zur **Ermordung des österreichischen Thronfolgepaars** führte. England verhinderte über ihren Geheimdienst, der unter Umständen an der Ermordung beteiligt war, die Aufklärung, verweigerte Österreich an der Aufklärung der Morde in Serbien teilzunehmen. Daraufhin erklärte Österreich-Ungarn Serbien am 28. Juli den Krieg.

Die USA belieferte beide Seiten mit Waffen auf Kredit. Nur die „Händler des Todes", besonders aus den USA, haben am Krieg verdient. Ohne die ständige Waffenlieferung aus den USA hätte die Entente (England/Frankreich) wohl schon 1915 den Krieg verloren. *Mit Milliardenkrediten hielten US-Banken den Krieg am Laufen.*

1916:

Das US-amerikanische Volk lehnte eine Kriegsbeteiligung der USA ab. Mit einem Etat von 5 Millionen Dollar machte die CPI, eine Werbefirma, US-Propaganda im Ersten Weltkrieg. Deutsche Soldaten wurden mit Satansköpfen dargestellt. Der Kaiser wurde als Krimineller denunziert. Der Film *„Der Kaiser: Die Bestie von Berlin"* wurde millionenfach in den US-Kinos gespielt. So wurde die Bevölkerung auf Kriegskurs gebracht, kritische Journalisten wurden diffamiert. Deutschstämmige Bürger wurden daraufhin in den USA verfolgt und misshandelt.

1916 bot Deutschland England einen Friedensvertrag an. Die deutschen Zionisten verwiesen die Briten auf die Hilfe der USA: „Wir bringen die USA als euren Verbündeten in diesen Krieg. Der Preis, den ihr dafür zahlen müsst, ist Palästina". Die USA war bis dahin eher prodeutsch gewesen, weil die Zeitungen unter Kontrolle deutschstämmiger Juden waren. Die US-Bankiers, die überwiegend Juden waren, und deutsche Juden gaben für das Projekt Palästina viel Geld aus. 1916 schwenkten die Zeitungen der jüdischen Verleger um.

In der **Balfour-Deklaration,** ein Brief an Lord Rothschild, gab die englische Regierung das Versprechen, dass die Zionisten nach dem Krieg Palästina bekommen. 1922 wurde dann der Staat Palästina gegründet.

1917:

Die US-Machtelite wollte es wegen der Kreditausfälle in Großbritannien auf keinen Fall, dass Deutschland den Krieg gewinnt, da sie zehnmal so viele Kriegskredite an Großbritannien wie an Deutschland vergeben hatte. Die Großbank J.P. Morgan, die die Rüstungsgeschäfte abgewickelt hatte, wäre pleite gegangen. *Deshalb trat die USA nicht aus humanitären, sondern aus finanziellen Überlegungen 1917 in den Krieg ein.*

1918:

Mitte Oktober wurde Hitler durch einen Giftgasangriff der Briten schwer verwundet. Die Nahtoterfahrung veränderte sein Denken und Handeln. Seine guten Beziehungen zu Juden in seinen ersten 30 Lebensjahren zeigen, dass er bis 1919 kein Antisemit war. Bis zu seiner Nahtoterfahrung war er eher schüchtern und ein Einzelgänger gewesen. Wohl wegen einer Posttraumatischen Störung, bedingt durch die Giftgasverletzung, wurde er mehrere Wochen in einer Psychiatrie behandelt. Danach hatte sich seine Persönlichkeit verändert.

Von 2 Millionen am Krieg beteiligten US-Soldaten fielen über 116 000. Wirtschaftlich und politisch gab es aber nach dem Ersten Weltkrieg nur einen Gewinner, die USA. Alle anderen kriegsbeteiligten Länder lagen am Boden. Der Krieg zwischen Entente (Frankreich, Großbritannien, USA) und Mittelmächten (Deutschland, Österreich, Ungarn, Türkei) kostete rund 20 Millionen Menschen das Leben.

Die Weimarer Republik

1919:

Mit der **Kriegsschuldklausel** wurde im Versailler Vertrag die alleinige Kriegsschuld Deutschland gegeben, obwohl dies nicht stimmte. Deutschland wurde verpflichtet rund 33 Milliarden Dollar an Kriegs-reparationen an die Engländer und die Franzosen zu zahlen. *Das Geld floss über London und Paris direkt an die „Händler des Todes" in den USA,* die die Kriegskredite vergeben hatten. *Ohne das Eingreifen der USA in den Ersten Weltkrieg wäre es wohl weder zu Versailles noch zum Nationalsozialismus gekommen.*

Nach Erkenntnis der Rolle der reichen Juden im Ersten Weltkrieg begann der Judenhass in Deutschland. Im Vergleich zu anderen Ländern wurden Juden bis dahin in Deutschland eher gut behandelt.

Der Versailler-Vertrag wurde nach Ende des Krieges durch Aushungern der deutschen Bevölkerung unter Anweisung von Admiral Winston Churchill erpresst. Etwa eine Million Deutsche verhungerten oder starben geschwächt an der Spanischen Grippe.

Hitler war über den Zustand des Deutschen Reiches vollkommen verbittert. *Ursache der Demütigung war für Hitler der anglo-amerikanische und jüdische internationale Kapitalismus.* Die Bezeichnung Antikapitalistischer Antisemitismus ist wohl zutreffend.

Hitler wurde 1919 Vertrauensmann des bayrischen Heeres, war bald auch Sprecher der Deutschen Arbeiter Partei (DAP). Er war gegen den

Internationalismus, wollte Deutschland aus der Erniedrigung des Versailler-Vertrages herausführen. Hitler war auch der Überzeugung, die Westmächte seien von Juden beherrscht.

Die **Thule-Gesellschaft** war eine Gemeinschaft von Strippenziehern aus den höheren und höchsten gesellschaftlichen Kreisen in Bayern. Ein bedeutendes Mitglied der Vereinigung war Fürst Gustav von Thurn und Taxis, der 1919 wohl von den Kommunisten ermordet wurde. Die Thule-Gesellschaft wollte politischen Einfluss nehmen, ohne dabei persönlich in Erscheinung treten zu müssen. Sie war **völkisch-nationalsozialistisch, streng antibolschewistisch und antisemitisch orientiert.** Sie initiierte die Deutsche Arbeiter Partei (DAP), baute eine Kampftruppe (Thule-Kampfbund, Freikorps-Oberland) auf, verübte Terror- und Sabotageakte und gab die Zeitung Völkischer Beobachter heraus. Der Ruf der Thule-Gesellschaft war schon lange vor dem Dritten Reich Heil und Sieg, ihr Symbol war das Hackenkreuz. Viele Thule-Mitglieder machten im NS-Staat Karriere. **Aus der DAP machte Hitler die NSDAP,** die finanziell von der Thule-Gesellschaft unterstützt wurde. **Hitler kaufte später den Völkischen Beobachter. Das Freiheitskorps Oberland wurde zum Kern der SA.** Seine Anhänger sahen Hitler als Erlöser aus übergroßer Not und Schande

1921:

Im August stellte Hitler die paramilitärische Kampforganisation (SA) auf, die von der **Reichswehr** ausgerüstet wurde. *Das Programm der NSDAP war antikapitalistisch. Sie hatte auch die Vorstellung, der Staat werde durch den Sumpf des Parlamentarismus korrumpiert* und US-Präsident Wilson sei ein Agent des internationalen Großkapitals, das mit Stärke und Arglist Einfluss nimmt. *Hitler war der Meinung, dass die Juden die Hauptkraft eines internationalen Kapitalismus seien, der immer neue Ausbeutungsobjekte benötigt.* Er hatte auch die Vorstellung, dass Internationale jüdische Presse-Konzerne eine deutsch-russische Annäherung

verhindert hätten. *Der jüdische internationale Kapitalismus und westliche Demokratien seien miteinander verknüpft.* Im Gegensatz dazu schaffe
die nationale Wirtschaft Industriekapital. Dieses Kapital schaffe Arbeit,
diene nicht dem Zins, dem arbeitslosen Einkommen, das die Arbeitskraft
versklavt. Nationales Kapital, das der Staat kontrollieren konnte, stehe
schädlichem internationalem Kapital, das Staaten kontrolliert, gegenüber.

Der Judenhass und die Angst vor den Westmächten beherrschten Hitler zunehmend. Er war der Überzeugung, dass die Juden die besonders
bösartige Kraft innerhalb des globalen kapitalistischen Systems seien.
Dies war wohl eine Hauptwurzel von Hitlers Antisemitismus. *Hitler
wollte für Deutschland eine Weltmachtstellung keine Weltherrschaft,*
wie es bis heute die USA anstrebt. Parlamente sollten beraten, nicht bestimmen. Boden sollte dem Volk gehören, die Produktion sollte aber pri-
vat bleiben, Konzerne sollten sozialisiert werden. In der Demokratie sah
Hitler eine politische und soziale Spaltungskraft. Es sei leicht, dass
Kriegshetzer die Führung der Regierung übernehmen. Das internationale
Finanzjudentum stürze Völker in den Krieg. *Das Volk werde nicht vom
Recht der Völker, sondern vom Recht der Bankiers der Völker regiert.*
Keine Regierung könne ohne die lebendige Verbindung zum Volk über-
leben. Adolf Hitler war Anhänger der Germanischen Demokratie: Ein
„Führergesetzgeber", der direkt vom Volk gewählt wird. Er sei frei von
Wählerinteressen und kenne den Willen Gottes.

1922:
Im April wurde der **Friedensvertrag von Rapallo** zwischen Russland und
Deutschland geschlossen. Nur wenige Tage nach dem Friedensvertrag von
Rapallo, der den US-amerikanischen Interessen im Wege stand, *wurde
Hitler und die NSDAP von Anglo-Amerika aufgebaut. Man erkor ihn als
Werkzeug für einen Krieg gegen die Sowjetunion, die sich auf keinen Fall
mit Deutschland verbinden sollte.* Es wäre ein mächtiger Kontinentalstaat

entstanden. Außerdem war die Hochfinanz an den russischen Rohstoffen interessiert.

Hitler erhielt viel Geld aus den USA, Großbritannien und Frankreich, zu dieser Zeit nur wenig aus Deutschland. Die Zahl der NSDAP-Mitglieder nahm stark zu.

Der **Deutsch-Amerikaner Ernst („Putzi") Hanfstängel,** Kommilitone von US-Präsident Roosevelt und hochrangiger Geheimdienst-mann, traf sich 1922 mit Hitler und führte ihn in bessere Kreise ein. Auch sorgte er für Geldmittel. 1929 hatte der zuvor in sehr armen Verhältnissen lebende Hitler keine Schulden mehr und wohnte mit Unterstützung namhafter, wichtiger Geldgeber aus den USA (Ford, Morgan, Carnegie, Warburg) in einer 9-Zimmer Wohnung. *Die Entscheidung Hitler an die Spitze Deutschlands zu stellen wurde in Washington und London getroffen.* Die USA und Großbritannien züchteten Hitler ganz bewusst heran, um Deutschland als potenzielle Gefahr für geopolitische Interessen zu beseitigen. Hitler versprach der Finanzelite das Ende der parlamentarischen Demokratie und die Vernichtung der deutschen Linken.

1923:

Entstand eine Gigantische Inflation

1929:

Im Oktober gab es durch Aktienspekulationen einen **Börsencrash an der Wall Street** mit zahlreichen Firmenpleiten. Folgen waren eine **Weltwirtschaftskrise** und **Massenarbeitslosigkeit,** in Deutschland gab es etwa 7 Millionen Arbeitslose. Auch dadurch kam es zum Aufstieg der NSDAP. Hitler forderte die Konfiszierung sämtlicher Gewinne aus Krieg, Revolution und Inflation. Das Parteiprogramm der NSDAP forderte die Brechung der Zinsknechtschaft und die Verstaatlichung aller Betriebe. Persönliche Bereicherung am Krieg bezeichnete das Programm als ein Verbrechen. Die Kommunistische Partei und die NSDAP hatten zu dieser

Zeit ein gemeinsames Ziel, nämlich die Befreiung von den „Fesseln von Versailles". Trotzdem lieferten sich Paramilitärische Einheiten (Stahlhelm, Eiserne Front, Roter Fremdkämpferbund, Sturmabteilung (SA)) fast täglich Straßenschlachten.

1932:

Im November hatte Hitler die Hoffnung aufgegeben, alleine durch Wahlen an die Macht zu kommen. Fragen waren zu dieser Zeit die Wiederaufrüstung und die Arbeitslosigkeit.

Die Machtergreifung der NSDAP

1933:

Die NSDAP erreichte bei den Reichstagswahlen 34%. Ohne die katholische Zentrumspartei, deren Parteichefs der Jesuit Ludwig Kaas und der Malteser Franz von Pappen waren, wäre keine Zweidrittelmehrheit für das **Ermächtigungsgesetz** zustande gekommen. Ein halbes Jahr später unterschrieb Hitler den **Staatskirchenvertrag mit dem Vatikan,** der dadurch jährlich aus Steuermitteln eine Milliarde Reichsmark bekam. Konrad Adenauer war Mitglied im Malteserorden und auch Mitglied in der Zentrumspartei. Beide, SS und Jesuiten, hatten lange schwarze Gewänder. Der SS-Führer Heinrich Himmler besaß die größte Bibliothek über den Jesuitenorden weltweit. *SS-Organisationen wurden entsprechend den Prinzipien des Jesuitenordens aufgebaut.* Auch Propagandaminister Josef Goebels besuchte eine jesuitische Schule. Fragliche Verschwörungstheoretiker behaupten, die SS wäre eine Armee des Vatikans für seinen heiligen Kreuzzug gegen Ketzer gewesen. Die tatsächliche Macht Hitlers sei erheblich überschätzt worden.

Vier Wochen nach der Machtergreifung Hitlers am 30. Januar brannte der Reichstag. Er wurde wohl von der SA in Brand gesetzt, beschuldigt wurden die Kommunisten. **Nach dem Reichstagsbrand wurden die Grundrechte in Deutschland abgeschafft.** Hitler zerstörte den **Föderalismus**, das **Mehrparteiensystem** und die **demokratischen Strukturen.** Er wollte keine Erbmonarchie, sondern das Volk sollte einen neuen fähigen Führer suchen. Statt dem Beamtentum wollte er wirkliche Könner im öffentlichen Dienst.

Am 18.3.1933 riefen die Jewish War Veterans in Washington zu einem **Boykott deutscher Geschäfte** auf. Am 27.3.1933 gab es eine Kundgebung des American Jewish Congress im Madison Square Garden und in weiteren 70 amerikanischen Städten mit ca. einer Million Teilnehmern für den **Boykott deutscher Waren.** Der Präsident der Weltjuden-Konferenz äußerte 1933 in Amsterdam: „Die Juden dieser Welt erklären einen heiligen Krieg gegen Deutschland, weil die Juden in Deutschland ihrer Ämter enthoben wurden". „Wir werden sie weltweit boykottieren und ihr Exportgeschäft zerstören".

Deutschland lebte schon damals vornehmlich vom Export, war durch den Boykott wirtschaftlich bedroht. Als Reaktion folgte ab 1.4.1933 der Boykott gegen jüdische Geschäfte, Banken und Arztpraxen in Deutschland.

Juden machten in Deutschland weniger als 0,5% der Bevölkerung aus. Sie kontrollierten aber die Presse und einen Großteil der Wirtschaft, weil sie in der Wirtschaftskrise alles Mögliche aufgekauft hatten.

Von 1933 bis September 1939 bestand das **Haavora-Abkommen** zwischen Hitler und Palästina, das eine Erleichterung der Auswanderung der Juden aus dem Reich nach Palästina ermöglichte.

1934:

Unter Hitler stellte die Industrie Arbeits- und Wertzertifikate, sogenannte **Mefo-Wechsel** aus, die sie an die Arbeiter statt Lohn ausbezahlten. Die Arbeiter konnten damit Güter und Dienstleistungen erwerben. Die Inlandsnachfrage stieg dadurch erheblich. Auch die Unternehmen erhielten vom Staat als Bezahlung Mefo-Wechsel, die mit 4% verzinst wurden. Zwischen 1934 und 1938 wurden Mefo-Wechsel im Wert von 12 Mrd. Reichsmark ausgestellt. Mit 25 Ländern wurden auch Waren und Güter über Tauschhandel abgewickelt. *Die Mefo-Wechsel und der Tauschhandel kamen bei der internationalen Hochfinanz nicht gut an, weil sie ihre lukrativen Bankgeschäfte bedroht sah.* Deutschland wurde aber dadurch stärkste Wirtschaft Europas ohne Geld und ohne Schulden. Erst nach dem Krieg war Deutschland wieder unter der „Knute" der Banker.

Hitler führte auch den bezahlten Urlaub ein. Kommunisten und Kapitalisten gaben zu dieser Zeit den Arbeitern keinen bezahlten Urlaub.

Nach dem Polenfeldzug 1939 gab es ein Angebot der Alliierten, Frieden mit Deutschland zu schließen und keine Räumung Polens zu verlangen, wenn das Reich die Goldwährung wieder einführen würde. Es hätte wieder eine Abhängigkeit Deutschlands von der Hochfinanz bedeutet. Winston Churchill äußerte: *„Die Mefo-Wechsel seien ein für die Finanzpolitik unverzeihliches Verbrechen der Deutschen".* Reichsbankpräsident Schacht war Hochgrad-Freimaurer und Mitbegründer der **Bank für Internationale Zusammenarbeit (BIZ)** in Basel. Er sorgte über die BIZ für die kriegsnotwendigen Milliardenkredite aus den USA an Hitler. Er soll insgesamt über 250 Mrd. Reichsmark für Deutschland erhalten haben. Im Nürnberger Prozess wurde Schacht auf Intervention der USA in allen Anklagepunkten freigesprochen.

1935:

Es kam zum Anschluss des Saarlandes an das Deutsche Reich. *Es gab aber kein Eingreifen der Siegermächte,* obwohl der Anschluss gegen den Versailler-Vertrag verstieß.

Vor dem Zweiten Weltkrieg gab es sechs Angebote Hitlers an die Siegermächte des Ersten Weltkrieges zur gegenseitigen Abrüstung. Hitler hatte wohl zu dieser Zeit ein friedliches und vereintes Europa im Sinn. Da die Alliierten die Abrüstung jedoch ablehnten, baute er seit 1935 die deutsche Wehrmacht auf.

1936:

Hitler veranstaltete die ihm vom Internationalen Olympischen Komitee (IOC) übertragene Winter- und Sommer-Olympiade.

Im selben Jahr marschierte Hitlers Armee in das entmilitarisierte Rheinland ein und nahm mit seinen Truppen auch am Spanischen Bürgerkrieg teil. *Wieder gab es keinen Widerstand der Westmächte.*

1937:

Es herrschte durch Zunahme des Massenkonsums (preisgünstige Volkswagen, Bau des Flughafens Tempelhof, Verbreitung des Radios, Straßenbauprojekte, Hausreparaturen, 2,5 Millionen Hausneubauten für Arbeiter, Aufrüstung) weitgehend **Vollbeschäftigung.** Die Bevölkerung wurde zum Konsum und zu Investitionen ermutigt.

Ende 1937 äußerte Hitler erstmals: „Alle Juden müssen aus Deutschland hinausgeworfen werden".

1938:

Im Juli scheiterte die **Konferenz von Evian** über die Lösung der Judenfrage. Obwohl 32 Staaten daran teilnahmen, *waren nur latein-amerikanische Länder bereit, Juden aufzunehmen.* Die Regierungen der USA und Großbritanniens hatten angeblich kein Geld und keinen Platz für mittellose Juden. 150000, überwiegend wohlhabende Juden, wanderten bis 1943 nach Palästina aus. *Da Palästina britische Kolonie war, verlangte Großbritannien von jedem eingereisten Juden 1000 Pfund. Wer nicht bezahlen konnte, wurde nach Deutschland zurückgeschickt.* Hitler empfand den Unwillen anderer Länder, Juden aufzunehmen, als Zustimmung zu seiner Position.

Zu dieser Zeit wollte er reiche Juden als Verhandlungsmasse behalten oder wollte sie mit schärferen Gesetzen zur Auswanderung drängen. *Bis 1939 hatte Hitler eine Politik verfolgt, die allein darauf abzielte, die deutschen Juden zur Ausreise zu nötigen.* Er sah in den reichen Juden die internationale Plutokratie des Westens. Er beklagte ihre Einkreisungspolitik, Kriegshetze und Kriegsgewinne, die für Verwüstung sorgen.

Hitler ließ nach dem Einmarsch in Polen 1939 eine Sammlung mit Dokumenten der polnischen Botschafter in London, Paris und Washington beschlagnahmen. *Diese Historischen Dokumente zeigen, dass das Weiße Haus seit Herbst 1938 politischen Druck auf Polen, Frankreich und England ausgeübt hat und sie zu einem Krieg gegen Deutschland nötigte.* Der polnische Botschafter in Washington Graf Potocki äußerte, „Im Westen gibt es allerlei Elemente, die offen zum Krieg treiben: die Juden, die Großkapitalisten und die Rüstungsfabrikanten". Der amerikanische Botschafter Bullitt teilte mit: „Sollte ein Krieg ausbrechen, so werden wir sicherlich nicht zu Anfang an ihm teilnehmen, aber wir werden ihn beenden".

Anders als Hitler konnte Roosevelt sein Versprechen, sein Volk wieder in Lohn und Brot zu bringen, nicht einlösen. *1938 hatte er immer noch trotz New Deal 12 Millionen Arbeitslose.* Wie schon der Erste Weltkrieg, so sollte nun auch der Zweite Weltkrieg die US-Wirtschaft ankurbeln, die Arbeitslosigkeit beseitigen und der Rüstungs- und der Finanzindustrie riesige Gewinne ermöglichen. <u>Schon 1943 hatte die USA Vollbeschäftigung. Der Krieg sorgte auch dafür, dass die USA zu der größten Weltmacht auf Erden wurden.</u>

Im September wurde der Englisch-Deutsche Vertrag, der eine Garantie für Hitler war, ungehindert gegen Russland vorgehen zu können, geschlossen

Hitler wurde im US-Time Magazin zum Mann des Jahres 1938 gewählt. Er wurde zu dieser Zeit auch im Ausland verehrt. Außerhalb von Deutschland trugen damals 1333 Straßen und Plätze seinen Namen.

Im April erfolgte der **Anschluss von Österreich-Ungarn** an das Deutsche Reich und im August wurde das **Sudentenland von der Tschechoslowakei abgetrennt. Wieder gab es kein Eingreifen der Westmächte,** da Hitler, wie vom Westen gewünscht, durch die Annexionen eine direkte Grenze mit Russland bekam, was einen Krieg gegen Russland erleichterte.

Am 7 November erfolgte ein Attentat auf Ernst von Rath in der deutschen Botschaft in Paris durch den Juden Herschel Grynszpan. Als Rath verstorben war, ereignete sich am 9.11.1938 die **Reichskristallnacht.** *Goebbels soll ohne Zustimmung von Hitler die Gauleiter in ganz Deutschland zu einem Rachefeldzug aufgefordert haben.*

Hitler hatte Deutschland zwischen 1933 und 1938 wieder zu einer geachteten Nation und zur führenden Macht auf dem europäischen Kontinent gemacht. *Er hatte in sechs Jahren mehr erreicht als 16 Regierungen der Weimarer Republik zusammen.* Hitler hatte deshalb zu dieser Zeit in Deutschland große Sympathien, besonders auch unter den Intellektuellen.

Der Zweite Weltkrieg

1939:

Am 31. März gab Premierminister Chamberlain eine **britische Garantieerklärung an Polen,** bei einem Angriff Hitlers ihnen beizustehen. Am 24. August wurde der Hitler-Stalin Pakt, ein Nichtangriffspakt, abgeschlossen.

Nach dem Angriff Hitler auf Polen am 1. September erfolgte am 3. September die **Kriegserklärung Frankreichs und Großbritanniens an Deutschland,** *aber keine militärische Hilfe für Polen wie vertraglich zugesagt.* Polen wurde geopfert, man ließ Polen bewusst ins offene Messer laufen. *Hitler hatte bis zuletzt versucht, einen Friedensvertrag mit Polen* *zu schließen.* Wichtig war ihm nur der Anschluss der freien Reichsstadt Danzig gewesen. Er war bereit, auf die anderen, nach dem Ersten Weltkrieg verlorenen Gebiete zu verzichten. Die Angebote Hitlers wurden von der polnischen Militärdiktatur wegen der Garantierklärung von Großbritannien und Frankreich auf Anweisung von Roosevelt mehrfach abgelehnt. Frankreich und Großbritannien waren erpressbar, weil sie bei der Wall Street hoch verschuldet waren.

Deutsche Minderheiten in Polen wurden seit der Zusage der Westmächte, Polen bei einem Angriff beizustehen im Frühjahr 1939, *verfolgt, misshandelt und getötet.* 78 000 deutsche, in Polen lebende Bürger flohen in das Deutsche Reich, 18 000 in die freie Reichsstadt Danzig.

Die Kriegsführung Hitlers wäre ohne US-Lieferungen nicht möglich gewesen. Die USA belieferten Hitler auch mit Erdöl, sie waren sein wichtigster Erdöllieferant. Dies war entscheidend, denn der Zweite Weltkrieg war durch eine hohe Mobilität charakterisiert. Hitler hatte selbst kaum Erdöl. Auch nach dem Überfall auf Polen ließ Roosevelt die Erdöllieferungen an Hitler nicht einstellen. Die Basis für den Blitzkrieg Hitlers war das Erdöl. *Die USA stellte im Zweiten Weltkrieg Kriegsmaterial im Wert von 565 Mrd. Dollar zur Verfügung.* Großbritannien erhielt Material im Wert von 354 Mrd. Dollar, die Sowjetunion 127 Mrd. Dollar und Frankreich 18 Mrd. Dollar.

Henry Ford war, wie später Hitler, ein überzeugter Antisemit, bekam zu seinem 75. Geburtstag von Hitler das Großkreuz des Deutschen Adlerordens verliehen. *Ford belieferte während des Weltkrieges beide Seiten,* er war der drittgrößte Rüstungslieferant. Gleichzeitig lieferte er massenhaft Kriegsfahrzeuge an die deutsche Wehrmacht.

Allein die deutschen Friedensinitiativen zwischen 1939 und 1940 füllen acht Aktenbände von je 250 Seiten im britischen National-Archiv. Alle direkten und indirekten Friedensangebote Hitlers wurden durch Roosevelt und Churchill, die behaupteten, das Angebot sei bloße Propaganda, subtil untergraben oder rigoros abgelehnt. *Im Oktober 1939 bot Hitler sogar für einen Frieden mit England seinen Rücktritt an.*

1940:

Hitler ließ Dänemark und Norwegen besetzen, weil die Briten durch ihren Einmarsch in Skandinavien versucht hatten, Hitler vom Eisenerz abzuschneiden. Die Alliierten wollten auch über Griechenland den gesamten Balkan einnehmen, um Deutschland von seiner Ölversorgung aus dem Balkan abzuschneiden. Hitler marschierte deshalb in Griechenland ein. Über Belgien versuchten die Alliierten in das Ruhrgebiet vorzustoßen, um die deutsche Rüstungsindustrie zu treffen. Hitler besetzte daraufhin Belgien. Im Mai begann dann der Westfeldzug.

Zu dieser Zeit löste Winston Churchill Neville Chamberlain, der eher einen gemäßigten Kriegskurs führte, als britischen Premierminister ab. *Sofort nach seiner Ernennung zum Premierminister ordnete Churchill den uneingeschränkten Luftkrieg gegen Deutschland an. Es begann die gezielte Bombardierung von deutschen Zivilisten.*

Jetzt wurde auch Frankreich geopfert, als von Dünkirchen 300 000 britischen Soldaten nach England abgezogen wurden. Nach dem Sieg über Frankreich im Juli 1940 wollte Hitler erneut Friedensverhandlungen mit England. Churchill lehnte unter dem Einfluss von Roosevelt erneut ab. **Ab 16. Mai 1940 hatten die Briten zivile Opfer in verschiedenen deutschen Großstädten bombardiert.** Ende August 1940 wurde Berlin drei Mal hintereinander bombardiert. *Die Bombardierungen durch die Alliierten war ein gezielter Völkermord* an der deutschen Bevölkerung, dem etwa zwei Millionen Bürger zum Opfer fielen. Allein in Dresden gab es etwa 300 000 Tote. Es sollen bevorzugt protestantische deutsche Städte angegriffen worden sein. *Die Bombardierung von Zivilisten ging bis Kriegsende weiter, obwohl es seit 1943 keine wesentliche deutsche Flugabwehr mehr gab.* Bis zum 4.9.1940 sah sich Hitler diese Bombardierungen geduldig an. Danach ließ er als Reaktion London bombardieren.

Hitler gab dem Weltjudentum die Schuld für die Bombardierung deutscher Städte und damit für den Tod von Millionen deutscher Kinder und Frauen. Immer öfter beklagte er in seinen Reden die Tötung unschuldiger deutscher Frauen und Kinder bei völkerrechtswidrigen Bombenangriffen auf die Zivilbevölkerung.

1941:

Am 22. Juni griff Hitler die Sowjetunion an. Russland hatte für den 10.7.1941 den Angriff auf Deutschland geplant. Hitler kam Stalin mit einem Präventionsangriff zuvor. Von seiner Heeresführung kamen zahlreiche Einwände gegen den Russlandfeldzug. Er hörte aber nicht auf sie. *Zu dieser Zeit bekam Hitler, der hypochondrische Tendenzen hatte, von seinen Ärzten 80 verschiedene Medikamente verabreicht, 12 davon waren bewusstseinsverändernd.* Welche Absicht verfolgten diese Ärzte und wer beeinflusste sie? Sehr wahrscheinlich trübten auch die vielen Medikamente seine Urteilsfähigkeit. *Wieder stellt sich die Frage, wie mächtig war Hitler tatsächlich?* Obwohl Hitler nach seinen Erfahrungen im Ersten Weltkrieg große Angst vor einem Zweifrontenkrieg hatte, ließ er sich gegen den Rat seiner Generäle auf den schrecklichen Russlandfeldzug ein.

Im Mai besuchte Rudolf Hess, der Stellvertreter Hitlers, London, wo er wohl die Neutralitätszusage Großbritanniens zum Russland-Feldzug bekam. *Die Akten zu dem Besuch von Hess sind bis heute unter Verschluss im englischen Geheimarchiv.*

Zweck des Angriffs auf die Sowjetunion am 22. Juni (Barbarossa) sollte eine abschreckende Wirkung auf Anglo-Amerika und eine Lösung des chronischen deutschen Nahrungs- und Rohstoffmangels sein. Ukrainisches Getreide und kaukasisches Erdöl waren für Hitler besonders interessant. Die USA und Großbritannien unterstützten nach Kriegsbeginn die Sowjetunion mit Flugzeugen, Panzern und Automobilen, *aber erst 1944 wurde von ihnen trotz mehrmaligen Bittens der Russen eine zweite*

Front im Westen eröffnet. Die Eliten in den USA und Großbritannien freuten sich, dass Hitler gegen die verhassten Kommunisten in Russland vorging. Die New York Times schrieb zu dieser Zeit: „Deutschland und Russland sollen sich erst gegenseitig ausrotten".

Im Dezember erklärte Hitler: „Der Weltkrieg ist da, die Vernichtung des Judentums muss die notwendige Folge sein, um die Versklavung durch den internationalen Kapitalismus zu verhindern". Er sah eine Bedrohung besonders durch den **repräsentativ demokratischen Kapitalismus,** die er internationale Geld- und Finanzverschwörer nannte.

Über Japan trat die USA durch die Hintertüre in den Krieg ein. Japan wurde durch eine Blockade der US-Marine der Erdölhahn zugedreht. Über seinen Geheimdienst soll Roosevelt von dem japanischen Angriff auf Pearl Harbor gewusst haben, ließ jedoch seine Marine nicht warnen. *Die wertvollen Flugzeugträger der USA wurden vor dem Angriff noch in Sicherheit gebracht.* Etwa 3000 US-Soldaten wurden geopfert. Die Kriegsstimmung in den USA veränderte sich danach vollkommen, die USA erklärten daraufhin mit Zustimmung des Volkes Japan den Krieg. US-Amerikaner mit japanischen Wurzeln wurden in den USA Opfer von zahlreichen Übergriffen. **Die USA warf Napalm-Bomben auf Tokio und andere Städte.** In Tokio starben in einer Nacht mehr als 120 000 Zivilisten.

1944:

Erst als die USA und Großbritannien erkannten, dass Stalin möglicherweise ganz Deutschland alleine besetzen könnte, landeten ihre Streitkräfte im Juni 1944 in der Normandie und eröffneten erst drei Jahre nach Kriegseintritt der USA eine zweite Front, die zur Entlastung Russlands dringend nötig gewesen wäre.

1945:

Vizepräsident Harry S. Truman, der nach dem plötzlichen Tod von Roosevelt US-Präsident wurde, *ließ im August zwei Atombomben auf Japan abwerfen, obwohl die Japaner bereits geschlagen und bereit waren zu kapitulieren.* Über 500 000 Zivilisten wurden getötet. Nach den Atombombenabwürfen kommentierte Truman: *„Die Atombombe sei die größte Errungenschaft in der Geschichte der Menschheit".*

Am 20. April soll Hitler zusammen mit seiner Ehefrau, Eva Braun, Suizid begangen haben. Es kursieren aber auch Gerüchte, dass Adolf Hitler mit einem U-Boot vor Ende des Krieges nach Argentinien geflohen und erst 1971 verstorben sei.

Durch die Flächenbombardierung deutscher Großstädte durch die Alliierten bis kurz vor Kriegsende wurde am 9. Mai eine bedingungslose Kapitulation Deutschlands erzwungen.

Resümee und Folgen des Zweiten Weltkrieges

Vier wesentliche Punkte, die zum Untergang Hitlers führten, waren:

1. Hitler war von der Macht der kapitalistischen „Welt-Juden" in paranoider Ausprägung besessen. *Er rächte sich für den Bomben-Tod Millionen deutscher Zivilisten überwiegend an den unschuldigen, armen Juden* („Bettel-Juden" aus Osteuropa). Die reichen und einflussreichen Juden („Hof-Juden") hatten sich bereits weitgehend in Sicherheit gebracht.

2. Er missachtete die Sowjetunion, deren Stärke er unterschätzte. Gegen seine Überzeugung ließ er sich auf einen Zweifrontenkrieg ein. Er ließ sich von England und den USA täuschen. Nur im Bündnis mit Russland hätte er eine Chance gegen die Westmächte gehabt.

3. Hitler schrieb Anglo-Amerika eine überwältigende Machtfülle zu, traf deshalb mehrere unkluge Entscheidungen.
4. Er war der Meinung, die Deutschen seinen gegenüber den Angelsachsen zu schwach und zu zersplittert. Das Deutsche Reich werde Weltmacht oder gehe wie nach dem Ersten Weltkrieg unter. Er traf auch eine Auswahl schlechter Verbündeter, sowohl im Inland als auch im Ausland.

Immer wieder wird in Büchern und im Internet die Hypothese aufgestellt, ***dass in Wirklichkeit nicht Adolf Hitler, sondern der Jesuitenpater Bernhard Stempfle den größten Teil des Buches „Mein Kampf" geschrieben hätte.*** Nur das Kapitel über die Propaganda sei von Hitler. Der Jesuitenpater habe im Buch die alleinige Schuld Hitlers für die Nachkriegszeit eingebaut. Er habe ihn im Buch als Monster und skrupellosen Diktator erscheinen lassen. Es wird auch behauptet, dass im Buch „Mein Kampf" die Ziele des Vatikans (Drang nach Osten und Katholisierung der Orthodoxen Kirche, Hass gegen Juden und Orthodoxe) dargestellt würden. Ob diese Behauptungen wahr sind, müssen weitere geschichtliche Forschungen überprüfen. Tatsache ist jedoch, dass sich im engeren Kreis der NSDAP Juden und nicht wenige Jesuiten befanden. Andere Quellen berichten, dass Ernst Hanfstaengl Hitler bei der Abfassung von „Mein Kampf" behilflich gewesen sei.

Adolf Hitler war formal ranghöchster Vertreter des deutschen Nationalsozialismus und trug somit letztendlich die Verantwortung, auch für die Gräueltaten. Es gibt aber zahlreiche Anhaltspunkte dafür, dass er zumindest in den späteren Jahren, auch im eigenen Land, nicht mehr die Macht hatte, die ihm von den Historikern zugeschrieben wird.

- Wer könnte Interesse gehabt haben, dass Hitler täglich achtzig, auch Bewusstsein verändernde Medikamente bekam. ***Wer hatte Einfluss auf seine Leibärzte?***

- Hätte Hitler die systematische Judenvernichtung ab 1941 noch stoppen können, wenn er gewollt hätte? *Waren Heinrich Himmler, Rudolf Hess und andere Nazigrößen inzwischen nicht zu mächtig geworden?*
- *Wurde Hitler von den Westmächten benutzt,* um unliebsame Feinde des Kapitalismus wie den Kommunismus oder die Demokratie zu beseitigen? Warum wurden die Gebietseroberungen Hitlers vor dem Krieg von den Westmächten geduldet? Warum wurden die zahlreichen Friedensangebote Hitlers an England nicht angenommen? Warum wurde so spät eine zweite Kriegsfront im Westen eröffnet?

Wie bereits oben beschrieben führten die **amerikanische Kriegshetze,** die **englische Blankovollmacht an Polen** und **Polens Selbstüberschätzung** (Ablehnung von Friedensangeboten, Übergriffe auf Deutsche) zum Zweiten Weltkrieg. Die Drahtzieher des Krieges wurden später als heilige Friedensstifter, die nur eine Demokratisierung Deutschlands erreichen wollten, in der Geschichtsschreibung dargestellt.

Mit der Niederlage schieden Deutschland und Japan aus dem Kreis der militärischen Großmächte aus. Auch Frankreich und Großbritannien waren durch den Krieg stark geschwächt. <u>Die USA hingegen stiegen zur mächtigsten Nation der Welt auf</u> <u>und sind seit 1945 das Imperium.</u> Bis heute bestehen große Militärstützpunkte in Deutschland, Japan und Italien. *Das Motiv war, wie bei nahezu allen Kriegen, rein ökonomischer Natur.* <u>Nach dem Krieg waren die USA das reichste und mächtigste Land auf Erden.</u> Sie besaßen als Sicherheit für ihre Kriegskredite zwei Drittel der weltweiten Goldreserven. Ihr Bruttosozialprodukt verdoppelte sich während des Krieges. Auch raubten sie deutsche Patente. Der Krieg ermöglichte Roosevelt eine nicht übliche dritte und vierte Amtszeit als Präsident.

Die USA hat seit 1798 **469 Interventionen** zu verantworten, einschließlich **251 Interventionen seit dem Ende des ersten kalten Krieges** im Jahre 1990. Sie waren an **225 Kriegen** direkt oder indirekt beteiligt, obwohl ihr Land niemals angegriffen wurde und außer dem Bürgerkrieg 1861-1865 kein Krieg auf US-amerikanischem Boden stattfand. *Die Finanzelite hat die USA zu einem Armenhaus für große Teile der eigenen Bevölkerung gemacht und zu einem Schrecken für den größeren Teil der Welt.*

Ein besonders schreckliches Beispiel für US-amerikanische Kriege nach 1945 ist der durch eine Lüge ausgelöste Vietnamkrieg. Von 1966 bis 1968 warfen die USA und ihre Verbündeten **2 865 808 Tonnen Bomben** auf Vietnam, Laos und Kambodscha ab, 800 000 Tonnen mehr als im gesamten Zweiten Weltkrieg zusammen. Sie ließen 26 Millionen Bombenkrater zurück. Mindestens 627 000 Zivilisten kamen ums Leben. Es wurden insgesamt 726 000 Soldaten getötet.

Die Kriege der USA haben immer den US-Wirtschaftsinteressen und den Superreichen gedient. Einige wenige verdienen mit Kriegen sehr viel Geld. Krieg sorgt für Wirtschaftswachstum, zuerst durch **Rüstungsproduktion**, dann durch **Wiederaufbau**. Kriege werden geführt, um Investitionen zu schützen und möglichst hohe Renditen zu realisieren. Die Aussage, *„Terror ist der Krieg der Armen und der Geheimdienste, Krieg der Terror der Reichen"*, ist nicht von der Hand zu weisen.

Bis heute besteht eine Verfilzung des Pentagon mit den dauerbeauftragten Rüstungskonzernen und der Atomindustrie. <u>Mit den Weltkriegen errangen die USA die Herrschaft über West-Europa, nach dem Kalten Krieg auch mit der NATO-Osterweiterung über Ost-Europa.</u> *Nur mit einem Feind (zuerst Kommunismus, später Terror, jetzt Russland) kann man das lukrative Geschäft einer Hochrüstung weiterführen.* Die USA produzieren jedes Jahr **achtmal** so viele Waffen wie für ihre Verteidigung notwendig wäre.

George Friedman, langjähriger CEO von STRATFOR, ein US-amerikanischer Informationsdienst, der Analysen, Berichte und Zukunftsprojektionen zur Geopolitik erstellt, äußerte in einem Interview: „Das primäre Interesse der USA, wofür wir seit einem Jahrhundert die Kriege führen – Erster und Zweiter Weltkrieg und Kalter Krieg – waren die Beziehungen zwischen Deutschland und Russland. Weil vereint sind sie die einzige Macht, die uns bedrohen kann, und unser Interesse war es immer, sicherzustellen, dass das nicht eintritt".

Seit 1922 wurden Hitler und seine NSDAP von der amerikanischen Hochfinanz mit Hilfe des Geheimdienstes systematisch aufgebaut, um gegen den russischen Kommunismus und die deutsche Demokratie der Weimarer Republik vorzugehen. Als er mit der Einführung der Mefo-Wechsel und dem Tauschhandel bei der Elite in Ungnade fiel und Deutschland wirtschaftlich zu stark wurde, begannen sie ihn mit allen Mitteln zu bekämpfen. Seit 1938 trieben sie ihn vor sich her, benutzten Polen und andere Länder, um Hitler in Kriege zu verwickeln. *Ohne die ständigen Waffenlieferungen der USA wäre der lange und schreckliche Zweite Weltkrieg* (mehr als 60 Millionen Tote) *nicht möglich gewesen.*

Quellen

Dahl Edgar, **Das erste Opfer des Krieges ist die Wahrheit,**
Nibe Media

Dahl Edgar, Warum sie Hitler folgten, NIBE

Ganser Daniele, **Imperium USA,** orell füssli Verlag

Ganser Daniele, **Europa im Erdölrausch,** orell füssli Verlag

Ganser Daniele, NATO Geheimarmee in Europa, Westend

Greiner Bernd, **Was die USA seit 1945 in der Welt angerichtet hat,**
C H Beck

Hant Claus, **Hitler,** bookmundo

Prinz Daniel, Wenn das die Menschheit wüsste, amadeus-verlag
Stone Oliver, Amerikas ungeschriebene Geschichte, ullstein
Schwinger Hans, Nützliche Helfer im Kampf um die Weltherrschaft
Wolff Ernst, Finanz Tsunami, edition e. wolff

Medienpropaganda

Propaganda muss ihre Adressaten verwirren, das ist ihr Auftrag. Sie muss das Offensichtliche vernebeln und uns zu blindem Glauben und Gehorsam erziehen – *zu dem Glauben, das Unwahre sei wahr, das Richtige falsch, das Gute böse, das Böse gut.*

Es gibt drei Formen von Krieg. Neben dem **Krieg mit militärischen Mitteln** gibt es den **Wirtschaftskrieg** durch ökonomische Schädigung des Gegners und den **Medien- bzw. Propagandakrieg.** Im Informationskrieg werden Informationen als Waffen eingesetzt.

Die USA beherrschen alle drei Formen der Kriegsführung perfekt. Durch ihre Medienmacht konnten sie trotz ihrer zahlreichen Kriege, Umstürze von demokratisch gewählten Regierungen und Wirtschaftsblockaden ihr Image vom guten und demokratischen Staat in den Köpfen vieler Menschen der westlichen Welt einbrennen.

Vier westliche Nachrichtenagenturen beherrschen weitgehend die Nachrichtenszene:

- **Die US-amerikanische Associated Press (AP).** Sie hat 4000 Mitarbeiter, erreicht 12000 Medien in aller Welt.
- **Die britische Reuters**
- **Die französische Agence France Presse (AFP)**
- **Die Deutsche Presseagentur (dpa),** die mit der AP USA-konform kooperiert, ist Marktführer in den deutschen Massenmedien. Hauptredaktion ist im **Axel Springer Haus** in Berlin.

Was die Agenturen nicht melden, findet in den Nachrichtensendungen nicht statt. Tagesschau und Co liefern, abgesehen von einigen Berichten ihrer Korrespondenten und Reportern, die kaum eigenständige Themen haben, fast ausschließlich Material der West-Nachrichtenagenturen. Tagesschau-Nachrichten enthalten mehr als 80% gekauftes

Agenturmaterial. Der mediale Pluralismus ist gemeinsam mit dem parlamentarischen Pluralismus mehr oder weniger verschwunden.

Der US-Geheimdienst CIA gründete 1952 mit 7 Millionen Dollar die Bild-Zeitung. Bis heute verpflichten sich die Mitarbeiter der Bild-Zeitung im Arbeitsvertrag, *stets positiv über die USA und Israel zu schreiben.* Die Geheimdienste nehmen wohl bis heute Einfluss auf die Artikel. Bild setzt die Agenda. Intellektualisiert wird sie von der Frankfurter Allgemeinen Zeitung (FAZ) und der Süddeutschen Zeitung. *Der Einheitsbrei wird für die diversen Bildungsschichten im Volk nur jeweils anders vorgekaut.*

Wer über Medien und Bildungswesen die Geschichte kontrolliert, kontrolliert somit automatisch Gegenwart und Zukunft. Die Menschen sind *gehirngewaschen* oder haben eine finstere Agenda. Die Medien sind nicht der allgemeinen Bevölkerung zu Diensten, sondern waren von Beginn an *ein Mittel der Gedankenkontrolle in einer für die Eliten sonst unwägbaren Demokratie.* Ulrich Vosgerau, ein Professor der Rechtswissenschaften, stellt fest: „Die Medien sind nicht mehr der Wachhund des Volkes, sondern der Schoßhund der Politik und der Schutzhund der Machtelite".

Die Medien bilden nicht die Wirklichkeit ab, sondern erzeugen sie. Meinungen und Stimmungen entstehen nicht einfach, sondern werden gemacht. Medien animieren auch zum Krieg, werden von „Diplomaten" belogen (Geheimdienste, Lobbyisten). *Gerüchte mutieren zu Tatsachen, Vermutungen zu Ereignissen und Meinungen zu Wahrheiten.* Zum Beispiel werden die permanenten Kriege der USA im Informations- und Propagandakrieg als Friedenspolitik verkauft.

Medien-Propaganda sichert Macht und Reichtum der Eliten, fördert Kriege durch Hetze, zerstört die Demokratie und spaltet Familien und Gesellschaft. Die Funktion von Propaganda besteht in erster Linie darin, die Macht der herrschenden Eliten abzusichern und die Beherrschten zu entmündigen. *Propaganda ist nichts anderes als die Ideen- und Gedankenwelt der jeweils Herrschenden.*

Die öffentlich-rechtlichen Medien

Nach der Tageschau, die seit 26.12.1952 ausgestrahlt wird, weiß man, was die Regierung über dieses oder jenes Ereignis denkt, *weiß man, was die Republik denken soll, und auch, was nicht zu denken gewünscht ist.* Die ARD-Nachrichten sind der Taktgeber für die meisten Medien der BRD. Die Tagesschau-Maschine ist weder verlässlich noch neutral und keinesfalls seriös. Uli Gellermann nennt Beispiele: Der **Kosovo-Krieg** hieß in der Tagesschau-Sprachregelung **„Mission"**, obwohl der Krieg gegen das Völkerrecht verstoßen hat. Der **Irak-Krieg** wurde als **„Konflikt"**, Bombenangriffe der USA als **„chirurgischer Angriff"** bezeichnet. *Die öffentlich-rechtlichen Medien sind der jeweiligen Regierung ein Medium, um ihre reichenfreundliche Politik als richtig und alternativlos zu verkaufen.*

Der öffentliche Rundfunk ist inzwischen eines der wichtigsten Herrschaftsinstrumente unserer Parteienoligarchie. Tagesschau und Tagesthemen stabilisieren die Herrschaft im Interesse unserer plutokratischen Elite. 200 Milliardäre und mehr als 1 Million Millionäre sind in Deutschland wie in den USA ein imperativer Machtkomplex oberhalb des stattlichen Herrschaftsbereichs. Im Besitz dieser Leute sind auch die Nachrichtenagenturen. Filter sind die Pressestellen der Regierung und der Parteien sowie der Wirtschaft, die Zentralredaktionen der Nachrichtenagenturen und die Redaktionen der ARD. *Ein Staatsfernsehen ist mit einer Demokratie unvereinbar.*

Berlin muss den imperialen Vereinigten Staaten und der NATO die Gefolgschaftstreue halten. Dies wird durch die Überwachung durch US-amerikanische Geheimdienste, die sich zahlreich in Deutschland befinden, sichergestellt. Wir sind das überwachteste Land in Europa. *Die BRD ist seit 1945 ein Trabant der USA.* Die Nachrichten unserer Massenmedien sagen das allerdings nicht. Die größte US-Luftwaffenbasis in Europa, Ramstein, ist die Drehscheibe für die US-Kriege in Nahost und Relaisstation, von der aus Drohnen, wie es die Presse bezeichnet, *auf „tödliche*

Mission" geschickt werden. Deutschland ist der **Brückenkopf der USA in Europa** gegen Russland und China. Die USA stationiert in Büschel auf deutschem Boden mindestens 20 Atombomben, die 26-mal so stark sind wie die Hiroshima-Bombe. Gegen die Lagerung von Atombomben auf deutschem Boden ist uns kein Einspruch erlaubt. Die USA besitzt in Deutschland neben kleinen Militärbasen elf große Hauptstützpunkte.

Die Agenturfloskel **„Westliche Wertegemeinschaft"** wird von den meisten Bürgern nicht einmal als Propaganda begriffen. Unsere Medien sind westlich genormt, nicht aufklärerisch. *Sie sind Herrschaftsinstrumente zur Kontrolle der Massen, nicht, wie sie es als vierte Gewalt sein sollten, Mittel der Massen zur Kontrolle der Mächtigen.*

Propaganda-Multiplikatoren

Als **Propaganda-Multiplikatoren** dienen:
1. **Transatlantische Netzwerke** (Pentagon, CIA, NATO, Elitezirkel, Thinktanks, Atlantik-Brücke).
2. **Die Globalen Agenturen** (AP, Reuters, AFP, dpa).
3. **Die Leitmedien** (ARD, ZDF, Privatsender, Die Welt, Spiegel, BILD, Süddeutsche Zeitung, FAZ, Berliner Zeitung).

Deutschland ist mit mehr als hundert Netzwerken (Thinktanks) überzogen. *Fast alle führenden Politiker und Journalisten sind Mitglieder dieser einflussreichen Organisationen.*

Eine Reihe von Redaktionsmitgliedern (Jörg Schöneborn, Tom Buhrow u.a.) sind Mitglied im Verein „Atlantik-Brücke, ein bedingungsloser Propagandist der NATO. Dank jahrelanger Propaganda ist die Mehrheit der Deutschen überzeugt, dass der Russe lügt. Es reicht deshalb, um eine Aussage als Lüge zu bezeichnen, zu sagen, nach russischen Angaben.

Zahlreichen Rundfunkmitarbeitern wurden inzwischen Zeitverträge aufgezwungen. Kritik ist karrierehemmend und eine Gefahr für die berufliche Existenz. Der Journalist neuen Typs soll ehrgeizig, egoman, hierarchiegläubig sein und dem Mainstream folgen. Es scheint so, als würde die Menschheit von Psychopathen in den Abgrund getrieben. *Und die Bevölkerung in ihrer großen Mehrheit hält still.*

Die USA zerstören die Lebensgrundlage ganzer Staaten, und andere Länder, auch Deutschland, müssen für die Kollateralschäden aufkommen.

Mit Hilfe der Propaganda wird seit Jahrzehnten die soziale Marktwirtschaft zugunsten einer marktgerechten Demokratie zerstört. Die Lobby aus Militär, Rüstung und Finanzwirtschaft hat uns auch die Friedensdividende geklaut.

Während die „westliche Wertegemeinschaft" die Kriegsausgaben immer weiter erhöht, sterben Millionen Menschen an Hunger und Krankheit. Die USA sind seit über hundert Jahren eine Bedrohung für Frieden und Wohlergehen in der Welt.

Manipulationsmethoden

Es gibt vielfältige Manipulationsmethoden. Ich möchte nur sechs besonders subtile und heimtückische Methoden näher darstellen. Ausführlich kann man sich über Manipulationstechniken durch das Buch von Albrecht Müller, „Glaube wenig, hinterfrage alles", informieren.

Die Geschichte verkürzt erzählen

Unpassende Fakten werden von der Politik und den Leitmedien verschwiegen, *wahre Interessen und Hintergründe unterschlagen.* Die Bevölkerung wird abgelenkt sowie mit Halbwahrheiten, Lügen und Hetze bombardiert. Ein großer Teil der Bevölkerung verblödet dadurch quasi oder zieht sich ins Private zurück. Sowohl vom Ersten und Zweiten Weltkrieg als auch vom aktuellen Ukraine-Krieg werden nur Teilwahrheiten von den Medien berichtet. *Die Vorgeschichten werden entweder ganz weggelassen oder stark verfälscht.* Im Kapitel „Die Sieger schreiben die Geschichte" wurden zahlreiche Beispiele dafür genannt.

Wiederholen – Steter Tropfen höhlt den Stein

Wenn die Unwahrheit oder Halbwahrheiten fünfzig- oder hundertmal wiederholt werden, werden sie für die Mehrheit der Bevölkerung zur Wahrheit. *Besonders effektiv ist es, wenn die scheinbaren Wahrheiten von verschiedenen Seiten* (Politik, Wissenschaft, Medien, Lobbyisten, Stiftungen) *gleichlautend vorgetragen werden. Auch wenn alle in der Runde,* etwa in den Talk-Shows, *der gleichen Meinung sind,* entsteht bei den Zuhörern der Eindruck, dann muss es ja wohl richtig sein. Die einseitige Besetzung der Talk-Runden im Fernsehen ist seit längerer Zeit auffallend. Wenn einmal eine Gegenstimme eingeladen wird, sieht sie sich meistens einer Übermacht von gegenteiligen Meinungen gegenüber. *Emotionen werden gezielt eingesetzt. Sie werden vor allem über Bilder,* wie etwa vom Krieg zerstörte Gebäude, *vermittelt.*

Bashing

Bashing bezeichnet eine heftige, herabsetzende Kritik an einer Person oder einer Sache. *Bashing wird oft angewandt, wenn es schwierig ist, vernünftige Gegenargumente vorzubringen oder die Bashing ausübende Person nicht über ausreichende Kenntnisse verfügt, um Gegenargumente vorzutragen.* Die argumentierende Person wird dann persönlich angegriffen.

Wer nicht die Einheitsmeinung vertritt, wird disqualifiziert, diffamiert oder totgeschwiegen. Sprecher und Argument werden nicht mehr getrennt. Während der Corona-Krise war das Bashing an der Tagesordnung. Andersdenkende wurden als Coidioten, Querdenker oder Coronaleugner diffamiert. Kritik war nicht erlaubt. *Die Neutralisierung der*

Kritik ist phänotypisch für Diktaturen, nicht für Demokratien. Von Voltaire stammt die Aussage: „Wenn du wissen willst, wer dich beherrscht, finde heraus, wen du nicht kritisieren darfst".

Framing

Frame bedeutet Rahmen, Deutungsrahmen. Es ist ein großer erklärender Zusammenhang, in den ein Ereignis gestellt wird, **eine Brille, durch die man die Welt betrachtet.** Es ist der meist bewusst gesteuerte Prozess einer Einbettung von Ereignissen und Themen in Deutungsraster und Narrative bzw. Erzählmuster. Framing bedeutet einen Rahmen zu setzen, der meistens aus Vorurteilen besteht. *Ein klassisches Beispiel für Framing ist der gute Amerikaner und der böse Russe.* Seit 1945 wurde uns ununterbrochen „eingeimpft", die USA seien unser Freund, Russland unser Feind. Der angebliche Feind Russland hat uns über Jahrzehnte durch billige Energie unseren Wohlstand ermöglich. Selbst wenn auch Russland davon profitiert hat, war es eine Win-Win-Situation. *Der „Freund" USA verlangt jetzt von uns für das Fracking-Gas den vier- bis siebenfachen Preis, nimmt dabei keine Rücksicht auf die deutsche Bevölkerung und die deutsche Industrie.* Eine Aussage des früheren US-Außenministers Henry Kissinger, *„Die USA hat keine dauerhaften Freunde oder Feinde, nur Interessen",* kann eine Erklärung für das Verhalten des großen Freundes aus Übersee sein.

Vorsicht geboten ist, wenn die Massenmedien Feindbilder erzeugen wollen (früher der Jude, heute der Russe oder der Islam). Propaganda erkennt man an der **Einseitigkeit und Vehemenz,** mit der Meinung gemacht wird. Die Einseitigkeit und Vehemenz zeigten und zeigen sich besonders in der Corona-Krise und beim Ukraine-Krieg.

Ein anderes Beispiel ist der Frame „Neue Zeit". *Es soll eine Politik durchgesetzt werden, für die keine Mehrheiten existiert, sämtlich im Interesse der Oberschicht.* Wo Geschichte beiseitegeschoben wird, weil nur noch die neue Zeit von Bedeutung sein soll, herrscht pure Ideologie

(Stimmen und Parolen). Man braucht dann keine Rücksicht mehr auf Altes zu nehmen.

Ablenkung vom eigentlichen Problem

Immer wieder wird in der Mainstream-Presse mitgeteilt, die ältere Generation lebe auf Kosten der Jüngeren. Die heutigen Renten seien im Allgemeinen zu üppig, die späteren Renten werden dagegen spärlich ausfallen. Zunehmende Staatsschulden, eine marode Infrastruktur und die Kosten für Umweltschäden werden spätere Generationen schwer belasten. *Mit solchen Nachrichten wird ein trennender Keil zwischen die Generationen getrieben.*

Die Wirklichkeit sieht aber ganz anders aus. Heutzutage gibt es reiche alte und reiche junge Bürger, und auch in Zukunft wird dieser Umstand so bleiben. **Entscheidend ist nicht das Alter einer Person, sondern etwa der Umstand, ob jemand ein Erbe in Aussicht hat oder nicht.** Es wird wohl in Zukunft etwas weniger Reiche geben, dafür aber werden diese Personen, wenn die Umverteilung der letzten Jahrzehnte so weiter geht, um so reicher sein. *Absicht solcher Meldungen ist es, im Interesse der Elite von der bereits aktuellen Problematik der massiven Ungleichheit abzulenken.* Eine planmäßige Zerstörung des Sozialstaates wäre ohne eine planmäßige Vergiftung der Sprache und des Denkens nicht möglich gewesen.

Sprachregelungen

Sprachregelungen, auch **Wording** genannt, können festlegen, wie und wann und in welchem Zusammenhang einzelne Wörter und Erklärungen anzuwenden sind, welche Wörter und Erklärungen zu vermeiden und welche Ausdrücke stattdessen zu verwenden sind.

Sie sind eine Anweisung oder Übereinkunft, wie bestimmte Dinge zu bezeichnen sind. Beispiele sind:

- Intensive Befragung statt Folter
- Kollateralschaden bei Drohnenangriffen statt getöteter Zivilisten
- Auslieferung statt Entführung
- Tödliche Aktion statt Ermordung
- Friedensmission oder humanitäre Intervention statt Krieg
- Politikberater statt Lobbyist
- Verfassungsschutz statt Inlands-Geheimdienst
- Obama warnt vor militärischem Eingreifen, Putin droht damit
- Arbeitgeber statt Arbeitnehmer

Wegen der durch die Medienpropaganda erreichten Befürwortung der aktuellen Politik durch die Mehrheit des Volkes, ist eine Veränderung zum Guten für das Volk sehr schwierig. Selbst ein Aufruf zu einem **friedlichen Generalstreik** wäre sinnlos, solange die gut organisierte öffentliche Indoktrination und Unterdrückung noch zu mächtig sind.

Es ist nicht einfach zu erreichen, dass die Medien wieder als vierte Gewalt dem Volk dienen. Erst wenn sich die gesellschaftlichen Verhältnisse wieder ändern, werden sich auch die Medien wieder verändern.

Quellen
Gellermann Uli, Die Macht um Acht, PapyRossa
Guerot Ulricke, **Wer schweigt, stimmt zu,** Westend
Lüders Michael, Die scheinheilige Supermacht, C H Beck
Müller Albrecht, **Glaube wenig, Hinterfrage alles, Denke selbst,**
Westend

Rode Erik, Die 21 Techniken der Manipulation,
Wernicke Jens, **Lügen die Medien?,** Westend

Deutsche Demokratische Republik (DDR) und Wiedervereinigung

Nach dem Zweiten Weltkrieg befand sich die USA in einer privilegierten Situation. Ihr Land war nicht zerstört und sie verfügte über Energie im Überfluss. Die USA benötigten Europa als Absatzmarkt für ihre Überproduktion, die während des Zweiten Weltkrieges entstanden war. Europa bekam ab 1948 mit dem **Marshallplan** Milliardenkredite, *mit denen die Europäer amerikanische Waren kaufen mussten.* Vor allem gefördert wurden Großbritannien und Frankreich. Deutschland bekam lediglich 11% der Kredite. Die Sowjetunion lehnte die Kredite der USA wegen Angst vor Einmischung in ihre Souveränität ab. Daraufhin wurden Wirtschaftssanktionen der westlichen Länder gegen Russland und damit auch gegen die Ostzone eine weitere Bedingung für den Erhalt der Kredite aus dem Marshall-Plan. *Also schon seit 1948 versucht die USA, durch wirtschaftliche Sanktionen Russland zu schädigen und zu schwächen.*

Das geteilte Deutschland

Am 23. Mai 1949 wurde die Bundesrepublik Deutschland (BRD) gegründet, am 7. Oktober 1949 erfolgte als Reaktion die Gründung der Deutschen Demokratischen Republik (DDR).

1952 bot die Sowjetunion mit der **Stalinnote** erneut einen Friedens-vertrags für ein geeintes Deutschland an. Ein Friedensvertrag, Bedingung war ein neutrales Deutschland, wurde jedoch, wie schon früher, von den Westmächten unter der Führung der USA, wohl mit der Begründung, man könne dem kommunistischen Russland nicht trauen, kategorisch abgelehnt. Zur selben Zeit gab es bereits Geheimverhandlungen unter der

Regierung Adenauer für eine Wiederbewaffnung der BRD und einen Beitritt zur NATO.

Von den USA wurde Deutschland nach dem Zweiten Weltkrieg gegen die Sowjetunion als **europäischer Brückenkopf** für den ersten kalten Krieg in Stellung gebracht. Westdeutschland wurde vom westlichen Großkapitalismus vor allem mit „Wohlstand" bestochen. Plumper Konsum sollte eine leere Gefühlswelt auffüllen. Russland war nach dem Krieg zerstört, konnte die DDR deshalb nicht in gleichem Maße unterstützen. Auch wirkten sich die vom Westen verhängten Wirtschaftssanktionen negativ auf den Wohlstand der DDR aus. Besonders wegen der wirtschaftlichen Schwierigkeiten waren bis 1961 etwa drei Millionen, besonders junge und tatkräftige DDR-Bürger in den Westen geflohen. Die DDR drohte zu einem „verarmten Altersheim" zu werden. Wohl auch aus Verzweiflung begann die DDR-Regierung 1961 mit dem Mauerbau, der die Spannungen mit dem Westen und die inneren Konflikte in der DDR erheblich verstärkte.

Neben den Wirtschaftssanktionen wurden die Sowjetunion und auch die DDR durch das Wettrüsten während des kalten Krieges wirtschaftlich ruiniert.

Auf deutlich niedrigerem Wohlstands- und Konsumtionsniveau war die DDR eine **sozial *sehr viel egalitärer strukturierte Gesellschaft als die Bundesrepublik.*** Es gab fast niemanden, der trotz fehlendem Luxus unter dem Existenzminimum lebte. Es gab auch kaum Obdachlosigkeit, weil von staatlicher Seite alle Bürger Wohnraum und Arbeit zugewiesen bekamen.

Die deutsche „Wiedervereinigung"

Nach dem Mauerfall 1989 erfolgte 1990 die sogenannte Wiedervereinigung, die aufgrund der gegebenen Bedingungen eher eine *Eingliederung der DDR in die BRD* war. Die DDR-Bürger mussten das Grundgesetz der BRD auf politischen Beschluss hin übernehmen. *Eine neue gemeinsame Verfassung, wie es der Artikel 146 des Grundgesetzes eigentlich vorgab, wurde dem Volk nicht gewährt.* Gleichzeitig erfolgte unter dem Einfluss US-amerikanischer Großbanken und der westdeutschen Politik die *finanzielle Ausbeutung und Deindustrialisierung der ehemaligen DDR durch die* **Treuhand.** 95% der Ostbetriebe, auch diejenigen, die konkurrenzfähig gewesen wären, wurden mit einem Finanztrick in die Insolvenz getrieben. In der DDR führten die Staatsbetriebe ihre Gewinne an den Staat ab. Für soziale Zwecke und für die Infrastruktur bekamen die Betriebe einen Teil ihrer Gewinne zurück. *Unglücklicherweise wurden diese Zuwendungen des Staates als Kredit bezeichnet, der natürlich nie zurückgezahlt wurde.* Die westlichen Großbanken übernahmen kostengünstig die Westbanken und forderten nun die angeblichen Kredite zurück. Die wenigsten Ostfirmen waren in der Lage, den hohen finanziellen Forderungen nachzukommen und mussten deshalb Insolvenz anmelden. Weil die angeblichen „Schulden" von den Unternehmen nicht an die Westbanken zurückbezahlt werden konnten, *ließ es die Regierung Kohl zu, dass die Banken als Ausgleich ca. 250 Milliarden D-Mark aus Steuergeldern bekamen.* Gleichzeitig waren die Westunternehmen durch diesen legalisierten Betrug ihre Ostkonkurrenten losgeworden oder konnten sie billig aufkaufen.

Seit der Wiedervereinigung bis heute wurden und werden fast alle lukrativen Positionen in Politik, Wirtschaft, Gesellschaft und Justiz im Osten von ehemaligen Westbürgern besetzt.

Mit dem vereinten Deutschland wurde von den Westmächten bis heute kein Friedensvertrag abgeschlossen, sodass in Deutschland weiter das **Besatzungsrecht** gilt. Es wurde bisher nur ein **Waffenstillstand** vereinbart. Der Zwei-plus-vier-Vertrag ist kein Friedensvertrag, wird aber von manchen Verfassungsrechtlern als gleichwertig mit einem Friedensvertrag angesehen. Nach der Wiedervereinigung entstand wieder ein deutscher Staat *unter Vormundschaft der USA,* die durch die aktuelle Politik (Entscheidungen gegen eigene wirtschaftliche Interessen) besonders offenkundig wird. Durch **Indoktrination, Opportunismus, entsprechende Schulung von Führungskräften, einseitige Nachwuchsförderung und verdeckte Korruption** besteht trotzdem unter weiten Teilen der deutschen Bevölkerung immer noch der Irrglaube, die USA seien unser Freund. Taktik der USA mit Deutschland ist: die Russen draußen, die Amerikaner drinnen und die Deutschen unten halten. Die USA setzten bei den Verhandlungen zur Wiedervereinigung auch durch, dass Deutschland nicht neutral, sondern in der NATO verblieb.

Was die ehemaligen DDR-Bürger zusätzlich bis heute sehr kränkt, war der Umstand, dass nach der Wiedervereinigung fast alles Westliche als demokratisch und damit als gut, das Östliche dagegen als undemokratisch und damit als schlecht angesehen wurde. Gute soziale Errungenschaften der DDR, wie etwa das Recht auf Wohnraum und Arbeit, wurden vom kapitalistischen Westen, nicht übernommen, da diese Rechte der neoliberalen Ideologie widersprechen.

Die deutsche „Erbschuld"

Besonders problematisch ist **die permanente Selbstanschuldigung deutscher Politiker hinsichtlich der Naziverbrechen.** Es gibt wohl kein anderes Land, in dem das Gedächtnis für die eigene Schande von Politik und Medien über Generationen hinweg derart wachgehalten wird wie in Deutschland. Dadurch wird eine, besonders auch von den westlichen Medien propagandierte „Erbschuld" unterstellt. Auch die Enkel- und Urenkelgeneration, die lange nach den schrecklichen Verbrechen geboren wurden, *sollen meines Erachtens mit Schuldgefühlen gegenüber den USA, Großbritannien und Frankreich sowie den Juden gefügig und mundtot gemacht werden.* Die unverzeihliche Schuld und die „selbstlose" Hilfe der

USA nach 1945 sollen dazu beitragen, eine dauerhafte Unterwürfigkeit der deutschen Vasallen zu rechtfertigen. Zusätzlich werden die aktuelleren Verbrechen der Westmächte, besonders die der USA, und des Staates Israel, etwa gegen die Palästinenser, dadurch relativiert oder es wird von ihnen abgelenkt.

Der schreckliche Holocaust (Völkermord an den Juden) hat leider stattgefunden. Es macht also keinen Sinn ihn zu leugnen. Ungefähr sechs Millionen Menschen fielen diesem abscheulichen Verbrechen zum Opfer. Was mich aber stört, ist die Tatsache, *dass andere Genozide (Völkermorde),* die sich vor, während oder nach dem Holocaust ereignet haben, *verharmlost oder gar verschwiegen werden.* In den USA wurden im 19. Jahrhundert etwa fünf Millionen Indianer ausgerottet, obwohl das Land groß genug für alle Bewohner gewesen wäre. Nach neusten Forschungsergebnissen sollen durch den britischen Kolonialismus zwischen 1880 und 1920 135 Millionen Inder durch Krieg, Hunger und Seuchen umgekommen sein. Der Porajmos, der Völkermord an den Sinti und Roma währen der NS-Zeit, wird auch nur gelegentlich erwähnt. Beim Völkermord in Bangladesch 1971/1972 ermordete die pakistanische Armee etwa drei Millionen Hindus. *Aktuell finden Genozide, auch wenn sie oft nicht so genannt werden, subtiler statt.* Durch die zahlreichen Wirtschaftssanktionen, besonders der westlichen Welt, sterben Millionen Menschen, besonders auch Kinder, nicht durch direkte Gewalt, sondern an Hunger und Krankheit. Da diese Massentötungen nicht so offensichtlich sind und von den Politikern immer gute Gründe für die Wirtschaftsblockaden vorgebracht werden, muss man anscheinend deshalb kein schlechtes Gewissen haben. *Alte Verbrechen werden wohl auch deshalb immer wieder in Erinnerung gerufen, damit man von aktuellen Verbrechen besser ablenken kann.*

Kowalczuk Ilko-Sascha, **Die Übernahme**, C.H. Beck
Orzechowski Peter, Besatzungszone, Kopp

Das Dilemma mit Europa

Die Europäische Union (EU) ist geschichtlich und organisatorisch ein Projekt der Oberschicht und der großen Unternehmen. Deshalb erzeugt die unternehmerfreundliche Politik der EU den Widerstand der Bürger gegen die EU längst selbst.

Der Euro war die Bedingung Englands und Frankreichs für die deutsche Wiedervereinigung, da beide Regierungen Angst vor der starken D-Mark hatten. Grotesk ist, dass England aber seine Währung Pfund behalten konnte.

Der Euro, der auch Teuro genannt wurde und eine rein politische Entscheidung war, verlor innerhalb von neun Jahren etwa 65% seiner Kaufkraft. *Hunderte von anerkannten Wirtschaftswissenschaftlern warnten davor, ohne Wirtschafts- und Finanzeinheit der EU-Länder eine gemeinsame Währung einzuführen.* Die Politik ignorierte die Warnungen. Stattdessen wurden die wenigen Vorteile einer gemeinsamen Währung, wie der Wegfall des Geldumtausches bei Reisen, durch die Medien in den Vordergrund gestellt.

Die Zinssenkungen der Europäischen Zentralbank (EZB) brachten zwar einen kurzzeitigen Boom in den im Vergleich zu Deutschland wirtschaftlich unterentwickelten südlichen EU-Staaten, führte in diesen Ländern aber zu einer hohen Staatsverschuldung. Nur mit einen Länderfinanzausgleich, wie er zwischen den deutschen Bundesländern stattfindet, hätte die gemeinsame Währung evtl. einen Sinn gemacht. Die wirtschaftlich starken Staaten wie Deutschland, Niederlande oder Österreich waren jedoch nicht bereit, Teile ihrer Gewinne aus den Export-überschüssen an die wirtschaftlich schwächeren EU-Staaten abzugeben. Nach den verschiedenen Krisen (Wirtschaftskrise, Eurokrise, Coronakrise) findet inzwischen über die Hintertüre doch ein Art Finanzausgleich statt. Wegen hoher deutscher Kredite, mit denen in Europa deutsche Waren gekauft werden konnten, ist der deutsche Staat **Gläubiger von zahlreichen**

schlechten Schuldnern. Der Euro, 99% der Bevölkerung sind die Verlierer des Euro, Gewinner sind 1%, die Großunternehmen und Superreichen, ist ökonomisch längst gescheitert. Das Weiterbestehen ist eine rein politische Entscheidung.

Europa und die USA

Erschwerend für die europäische Wirtschaft kommt hinzu, dass die Vereinigten Staaten Europa öfters, wie jetzt bei den Wirtschaftssanktionen gegen Russland, gezwungen haben, *sich gegen ihre eigenen wirtschaftlichen Interessen zu entscheiden.* Auch üben die USA immer wieder Druck auf Europa aus, mehr Geld für Rüstung, die die europäischen Länder überwiegend bei US-amerikanischen Rüstungsfirmen erwerben, auszugeben. Diese Steuermittel fehlen an anderer Stelle, etwa im sozialen Bereich.

Den USA waren nie an einem wirtschaftlich prosperierenden und friedlichen Europa gelegen. Ein Staat, der jedes Jahr achtmal so viele Rüstungsgüter produziert wie er für seine Eigenverteidigung benötigt, hat in erster Linie eigene wirtschaftliche Interessen im Fokus, nämlich möglichst viele Waffen in die ganze Welt zu verkaufen. Ich verweise auf den oben erwähnten Ausspruch von Henry Kissinger, dass die USA nur eigene Interessen kennen. Der Euro war von Anfang an ein ernster Konkurrent für den Dollar. Der hohe deutsche Exportüberschuss, der, wie man jetzt sieht, wohl nur durch die billige Energie aus Russland möglich war, war den US-Amerikanern seit langer Zeit ein „Dorn im Auge". Diesen Nachteil konnten die USA jetzt mit den unsinnigen Wirtschaftssanktionen gegen Russland beheben.

Europa ist aktuell nicht mehr das wirtschaftliche Hauptproblem der USA. Die Achse Moskau-Peking-BRICS steht heute für 56% der Weltwirtschaftsleistung und für 85% der Weltbevölkerung. Sie kontrolliert 70%

der Weltdevisenreserven. *Wenn der Dollar als Weltwährung abgelöst und Öl nicht mehr wie bisher nur in Dollar gehandelt wird, drohen die Wirtschaft und das Finanzwesen der hochverschuldeten USA* (offiziell derzeit 31 Billionen Dollar, andere Quellen sprechen von bis zu 100 Billionen Dollar), *zusammenzubrechen.* Diesen Untergang will die USA natürlich mit allen Mitteln verhindern. Ich befürchte im Notfall auch mit einem Atomkrieg. *Die USA hat bereits 2015 per Gesetz die Möglichkeit geschaffen, in der Ukraine Atomwaffen zu stationieren.*

Die undemokratischen transnationalen Herrschaftsapparate der EU

Die Europäische Union verfügt über einen eigenen Haushalt, einen eigenen Gerichts- und Rechnungshof. In 19 ihrer 28 Mitgliedsländern gilt die gemeinsame Währung, der Euro.

Das Hauptgesetzgebungsorgan der EU ist eigentlich der **Rat,** der sich aus den jeweiligen fachlich zuständigen Ministern der Mitgliedsstaaten zusammensetzt. Eine internationale Konferenz von Regierungsvertretern machen also die Gesetze. Das **EU-Parlament,** das seit 1979 alle fünf Jahre gewählt wird, darf in vielen wichtigen Bereichen, etwa im Bereich der Wettbewerbspolitik, bei der Außen- und Sicherheitspolitik, bei der Ernennung der Direktoriumsmitglieder der EZB oder bei der Wahl der Richter für den Gerichtshof der Europäischen Union nicht mitentscheiden, sondern es wird lediglich angehört, was keine Folgen haben muss. Letztlich entscheidet der Rat allein. Es hat auch kein eigenes Initiativrecht, kann daher keine eigenen Gesetzesvorlagen einbringen. Initiativrecht hat nur die EU-Kommission. Die Staats- und Regierungschefs der Mitgliedsländer schlagen einen Kandidaten als Präsidentin oder Präsidenten der **EU-Kommission** (Spitze der EU-Exekutive) und die einzelnen Kommissare vor, das Parlament kann die Vorschläge nur bestätigen oder als Ganzes ablehnen.

Nur mit absoluter Mehrheit der Abgeordneten kann sich das EU-Parlament gegen die Kommission und den Rat in einigen Bereichen durchsetzen. Da die Fraktionen aus Abgeordneten von mehr als 130 nationalen Parteien bestehen, stimmen sie nur in den seltensten Fällen geschlossen ab. Es besteht erstaunlicherweise keine Fraktionsdisziplin, die EU-Kommission und Europäischen Rat entmachten könnte. Das Europäische Parlament verfügt nicht alleine über das Budgetrecht, es kann nur in Abstimmung mit dem Ministerrat über den von der Kommission vorgeschlagenen EU-Haushalt entscheiden. *Auch deshalb ist das EU-Parlament kein echtes Parlament im Sinne einer Demokratie.* Trotzdem wird in den Medien die europäische Demokratie als überlegen gegenüber vielen anderen Staaten dargestellt.

Der Prozess der Europäisierung nach den derzeitigen Regeln der EU ist ein Prozess der **Entdemokratisierung** und der **Deregulierung.** Bei absoluter Ungleichheit der Lebensverhältnisse in den einzelnen Mitgliedsländern wurden alle schützenden Schranken, wie sie in Form von Zöllen, von Beschränkung der Niederlassungsfreiheit für ausländische Unternehmen und ausländisches Kapital bestanden und eine eigenständige Währungspolitik, rigoros niedergerissen. *Die Folge ist die EU-weite Angleichung des Wohlstandsniveaus – allerdings in Richtung auf den niedrigsten Standard.*

Quellen

Bittner Wolfgang, **Die Eroberung Europas durch die USA,** Westend
Flassbeck Heiner, 66 starke Thesen, Westend
Flassbeck Heiner, **Zehn Mythen der Krise,** SV

Friedrich Marc, Weik Matthias, Der größte Crash aller Zeiten, eichborn Verlag

Heinen Nikolaus, Mallien Jan, Alles auf Anfang, campus

Kerber Markus C., Die Draghi Krise, FBV

Müller Dirk, Showdown, Knaur

Otte Max, **Stoppt das Euro Desaster!,** ullstein

Piketty Thomas, Der Sozialismus der Zukunft, C.H. Beck

Piketty Thomas, **Die Schlacht um den Euro,** C H Beck

Sinn Hans-Werner, Gefangen im Euro, Redline Verlag

Steingart Gabor, Bastard Ökonomie, btb

Stelter Daniel, Die Krise, FBV

Varoufakis Yanis, Bescheidener Vorschlag zur Lösung der Eurokrise

Varoufakis Yanis, **Time for Change,** Hanser

Vosgerau Ulrich, Die Herrschaft des Unrechts, KOPP-Verlag

Weik Matthias, Friedrich Marc, Der Crash ist die Lösung, eichborn

Die Weisheiten der Bibel im Kontrast zur intellektuellen Welt

Die Menschheitsfamilie

Nach Römer 2, Vers 11 ist **kein Ansehen der Person vor Gott,** unabhängig von ihrem Stand, Vermögen, ihrer Macht oder ihren Talenten. **Alle Menschen sind gleichwertige Geschöpfe Gottes.**

Ganz anders sieht es in unseren menschlichen Gesellschaften aus. Der Schweizer Historiker und Friedensforscher, Daniele Ganser, äußert in seinen Büchern immer wieder: *„Es sollte die Einsicht bestehen, dass alle Menschen zur Menschheitsfamilie gehören".* „In der Geschichte sei es immer wieder vorgekommen, dass wir als Menschheitsfamilie einzelne Mitglieder ausgeschlossen, abgewertet und getötet haben". „Wir hätten uns entlang von Religion, Hautfarbe, Geschlecht und Einkommen gespalten und abgewertet". So wurden Indianer in den USA als **Wilde,** Afrikaner als **Tiere,** im Zweiten Weltkrieg Japaner als **gelbe Affen,** im Vietnamkrieg die Vietnamesen als **Termiten** bezeichnet. Mit Unmenschen muss man eben kein Mitgefühl mehr haben.

In der amerikanischen Verfassung von 1776 heißt es: *"all men are created equal"* (alle Menschen sind gleich geschaffen). Wie sehr verfassungsrechtliche Bekenntnisse und Alltagspraxis auseinandertriften zeigt die Realität in den USA. *Millionen von Indianern wurden in den USA ausgerottet, dunkelhäutige Menschen wurden und werden bis heute auf vielfältige Weise diskriminiert.* In einer Leistungsgesellschaft zählt oft nur derjenige, der zum Wohlstand der Gesellschaft direkt beitragen kann, also einer steuerpflichtigen Arbeit nachgeht oder vermögend ist.

Kluge Verhaltensregeln

In Matthäus 7, Vers 12 heißt es: **„Alles was ihr wollt, das euch die Leute tun, das tut ihnen auch!** Das ist das Gesetz und die Propheten". Dies ist eigentlich eine einfache Formel, die, wenn man sie befolgen würde, viel Unrecht und Unheil verhindern würde. Der Mensch beklagt sich, wenn ihm Unrecht zugefügt wird, ihn stört aber oft nicht, wenn anderen Personen das gleiche Unrecht angetan wird. Der Wohlstandsbürger nimmt es zum Beispiel lediglich zur Kenntnis, dass besonders durch den „Raubtierkapitalismus" *alle zehn Sekunden ein Kind auf der Welt verhungert.* Er wäre aber entsetzt, wenn die eigene Tochter, der eigene Sohn oder ein Enkelkind verhungern müssten.

Lukas 10 Vers 27 lautet: **"Liebe deinen Nächsten wie dich selbst".** In Lukas 6 Vers 27 heißt es sogar, **„Liebt eure Feinde".**

Wer sich selbst nicht lieben und akzeptieren kann, wird es schwer haben, seine Mitmenschen wirklich zu lieben, auch wenn es von ihm gefordert wird. Er wird eher versuchen, sich, etwa durch Abwertung anderer, aufzuwerten. Übermäßige und unberechtigte Kritik oder üble Nachrede sind dafür geeignete Mittel. *Voraussetzung für wahre Nächstenliebe ist deshalb die Überwindung von subjektiven Minderwertigkeitsgefühlen.*

Man muss wohl zwischen zwei Arten von Feinden unterscheiden. Zum einen Feinde, die meistens von den Mächtigen als solche definiert werden, weil sie ihren Interessen im Wege stehen, die uns aber nicht unmittelbar bedrohen. Im Ersten Weltkrieg war es für die USA der böse Deutsche, im Zweiten Weltkrieg der böse Japaner, heute ist es der böse Russe. *Immer war der staatliche Feindbildaufbau mit einer ausgeprägten Medienpropaganda verknüpft.*

Zum anderen Feinde, die uns im persönlichen Umfeld schaden, unser Ansehen, unsere Existenz oder gar unser Leben bedrohen wollen. Diese Feinde können auch im eigenen Volk vorhanden sein. *Beispiele sind politische Entscheidungen, die Armut fördern, denn Armut tötet auch.* Es fällt den meisten Menschen schwer, für sie persönlich bedrohliche Feinde zu lieben. Aber eine weitere Aussage der Bibel: **„Wer ohne Sünde ist, werfe den ersten Stein",** kann uns bei der Verurteilung anderer Menschen nachdenklich machen.

Die Versuchung durch Reichtum und Macht

In Matthäus 6, Vers 24 wird festgestellt: **„Niemand kann zwei Herren dienen. Man kann nicht Gott und dem Mammon dienen", „Niemand lebt davon, dass er viele Güter hat".**
Entscheidend ist immer, was aus den Maßstäben des Glaubens heraus mit dem Reichtum gemacht wird. *Es zählt, ob das Herz am Geld oder an Gott hängt.* Wer dem Geld und der Macht nachjagt, hängt sein Herz an materielle, irdische Güter. Als Konsequenz folgt er den *Maßstäben und Gesetzen dieser Welt, nicht den Maßstäben Jesu.* Die oben genannten, klugen Gebote Gottes lassen sich mit den weltlichen Anschauungen von der Macht des Stärkeren oder der neokapitalistischen Weltanschauung *„the winner takes it all"* nicht vereinbaren. *Ideal wäre eine Gesellschaft, in der alle alles haben, aber niemand etwas besitzt.*
Die Welt hat *genug für jedermanns Grundbedürfnisse, aber nicht für jedermanns Gier.* Durch Eigentumsrechte wurden Knappheiten erzeugt. *Eigentum, dass selbst genutzt wird, entspricht einer vernünftigen Lebensführung.* Wird Eigentum jedoch nicht selbst genutzt, sondern erworben, um anderen die Nutzung zu verwehren, wandelt sich der Charakter des Eigentums vom friedlichen, nützlichen in ein aggressives und destruktives Eigentum. Solches Eigentum ist für Knappheit verantwortlich. *Die Knappheit ermöglicht dem Eigentümer, Macht auszuüben.* Der Eigentümer kann, wie ein Kidnapper, erpresserische Forderungen stellen, umso mehr, je knapper das Gut ist. Durch Besitz von Grund und Boden werden

Miete und Pacht fällig. Wegen der aktuellen Wohnungsknappheit, besonders in den Großstädten, können hohe, für viele Menschen existenzgefährdende Mieten erpresst werden.

Die Bibel berichtet in Matthäus 4, Vers 1-11 von der Versuchung Jesu durch den Teufel: **„Ich will dir alle Schätze der Welt geben, wenn du niederfällst und mich anbetest".** Jesus antwortete: **„Du sollst anbeten den Herrn, deinen Gott, und ihm allein dienen".**

Besonders die großen Staatskirchen scheitern heute immer wieder an diesem Gebot. In Deutschland treibt der Staat für die katholischen und evangelischen Landeskirchen die Kirchensteuern ein. Dass auch hier das Motto gilt: *„Dessen Brot ich ess, dessen Lied ich sing"* zeigt sich in den fehlenden oder laschen Stellungnahmen der staatlichen Kirchen zu ökonomischer und sozialer Ungerechtigkeit in Deutschland. Weder bei den **Hartz-IV-Reformen** und bei den **Coronamaßnahmen** noch jetzt bei der **Kriegs- und Rüstungshetze gegen Russland** kamen und kommen ernsthafte Proteste von den Staatskirchen.

Man hat sich wohl, wie in den USA, der calvinistischen Prädestinationslehre, wen Gott liebt, dem schenkt er Reichtum, mehr oder weniger angeschlossen. Deshalb ist es nicht verwunderlich, dass heute in vielen Kirchengemeinden die gehobene Mittelschicht und die Reichen unter sich sind. Die ärmeren Massen laufen den großen Kirchen wohl zurecht davon. Peter Hahne stellt fest: *„Wenn Kirche von der Welt bejubelt wird, hat sie etwas falsch gemacht".* Die Staatskirchen unterstützen auch Ersatzreligionen wie den **Coronaglauben** oder die **Klima-Ersatzreligion,** die ihre eigenen, weltlichen Gebote und Gesetze haben.

Ungerechtigkeit durch Verdrehung von Gut und Böse

Jesaja 5, Vers 20 ermahnt: **„Wehe denen, die Böses gut und Gutes böse nennen, die aus Finsternis Licht und aus Licht Finsternis machen".**

Es ist üblich, dass Menschen ihre Mitmenschen in Gut und Böse einteilen. Die Einteilung kann sehr subjektiv oder eher objektiv sein. Aber selbst wenn Menschen offensichtlich Böses tun, also etwas tun, was den Mitmenschen sehr schadet, kann die Beurteilung ungerecht sein, *wenn die Vorgeschichte, die zu den bösen Handlungen geführt hat, nicht berücksichtigt wird.* Ein typisches Beispiel ist der Ukraine-Krieg, der wie jeder Krieg großes Unrecht bedeutet, bei dem aber von westlicher Seite die Vorgeschichte verschwiegen oder verharmlost wird.

Besonders von der sogenannten „westlichen Wertegemeinschaft" wird häufig Böses als gut und Gutes als böse bezeichnet. *Der „böse Russe" führt Krieg wegen seines Machtanspruchs, die NATO bombardiert nur für Freiheit und Demokratie, also für etwas Gutes.* Dass es bei allen völkerrechtswidrigen Kriegen in Wirklichkeit um wirtschaftliche Interessen (Rohstoffe, Energie, Absatzmärkte) und um die Weltherrschaft der USA geht, wird tunlichst von den „Hofmedien" verschwiegen.

Die Bibel fordert immer wieder zum Frieden auf. **„Die Gottlosen haben keinen Frieden".** **„Wenn möglich habt mit allen Menschen Frieden".** Raubtier-Kapitalismus und Frieden lassen sich nicht vereinbaren, da dieser Kapitalismus für sein ständiges Wachstum immer neue und lukrativere Absatzmärkte benötigt. *Die Frage, wem nützt etwas, kann dabei helfen, zwischen Gut und Böse zu unterscheiden.*

Sprichwörter 14, Vers 34 lautet: **„Gerechtigkeit erhöht ein Volk, aber die Sünde ist der Leute Verderben".**

Die ökonomische und soziale Ungerechtigkeit spaltet die Völker in soziale Klassen, führt zu Neid, Hass, Verbrechen und mangelndem Zusammenhalt. Ungerechtigkeit ist mit einer echten Demokratie, in der es allen Bürgern einigermaßen gut gehen sollte, nicht zu vereinbaren. Die

Ersatzreligionen der Atheisten führen oft nicht zur Gerechtigkeit. Peter Hahne bemerkt: „Überzeugte Atheisten, die Glauben zur Vordertüre ihres Lebenshauses hinausschmeißen, holen den Aberglauben zur Hintertüre herein".

Jedes Wissen, auch wenn es noch so intelligent erscheint, muss sich an den Weisheiten der Bibel messen lassen. Wir sollten Herzensbildung gegen Bildung, Klugheit gegen Wissen, Sinn gegen Geld, Besitz gegen Eigentum stellen. Wir sollten wieder lernen, *Freiheit ist, nichts zu wollen und nichts zu brauchen.*

Quellen

Hahne Peter, **Nicht auf unsere Kosten!,** Quadriga
Lutherbibel
Sedlacek, Tomas, Die Ökonomie von Gut und Böse, Goldmann

Das deutsche „Krankheitssystem"

Der Dichter Eugen Roth hat folgenden Reim verfasst: *„Was bringt den Doktor um sein Brot? Erstens die Gesundheit und zweitens der Tod. Drum hält der Arzt, auf dass er lebe, uns zwischen beiden in der Schwebe"*.

Es gibt zahlreiche Fachärzte, aber keinen Arzt für Gesundheit. Im alten China wurde der Arzt nur so lange bezahlt, solange der Patient gesund war. Heute betreiben fast nur noch die Gesundheitsämter **Prävention** (Vorsorge). Der Schwerpunkt der Prävention der Gesundheitsämter liegt aber oft bei Suchterkrankungen und Schutz-Impfungen, nicht bei einer gesunden Lebensweise.

Probleme des deutschen Gesundheitssystems

Das deutsche Gesundheitssystem hat vier große Probleme:

1. **Mangelnde Gesundheitsvorsorge und Prävention.**
    Wichtige Faktoren für die Gesunderhaltung des Menschen, etwa die **artgerechte Ernährung, ausreichend Bewegung** und **Vermeidung von ungesundem Stress (Dysstress),** besonders sozialem Stress durch Existenzangst, Demütigungen und Unfreiheit, sowie eine **religiöse Sinnerfüllung** werden nicht mehr befolgt. *Statt Vorbeugung verlässt man sich in Deutschland überwiegend auf die Reparatur durch Fachleute.* Deutsche Bürger gehen durchschnittlich pro Jahr 10-mal zum Arzt, Spanier 7,6-mal, Franzosen 6,3-mal, schwedische Bürger nur 2,9-mal.

2. **Fehlender Arztnachwuchs.**
Trotz Ärztemangels liegt der Numerus Clausus für das Medizinstudium an den meisten Universitäten immer noch bei der Abiturs
Note 1,0. Immer mehr Jungärzte verlassen wegen der schlechten
Arbeitsbedingungen Deutschland in Richtung Schweiz, USA und
Skandinavien. Schwedische Ärzte können ihren Patienten täglich
durchschnittlich rund 22,5 Minuten, deutsche Ärzte nur 7,6 Minuten widmen. Wegen der Ärzteflucht müssen Ärzte aus dem Ausland angeworben werden. In den Krankenhäusern sind fast nur
noch ausländische Assistenzärzte tätig, die in den Herkunftsländern, etwa in Rumänien oder Bulgarien, teuer ausgebildet wurden
und in ihren Heimatländern sehr fehlen.

3. **Pflegenotstand**
Das deutsche Pflegepersonal ist sowohl im stationären als auch im
ambulanten Bereich oft wegen Personalmangels stark überlastet.
Es wird auch im Verhältnis zu technischen Berufen schlecht bezahlt. Zusätzlich fehlt häufig die Anerkennung ihrer Leistung.

4. **Iatrogene** (durch ärztliche Behandlung bedingte) **Krankheiten
sowie Schäden durch Krankenhauskeime und durch Übertherapie.**
In Deutschland werden wesentlich **mehr Operationen** (Stents,
Wirbelsäule, Hüfte, Knie, Kaiserschnitt) als im EU-Ausland
durchgeführt. 2017 wurden in der BRD 332000, in Spanien
57868, in Frankreich 163000 Stents, deren Nutzen sogar umstritten
ist, implantiert. Im selben Jahr wurden bei uns etwa 250000 neue
Hüftgelenke eingesetzt. In Spanien waren es 52000, in Frankreich
158000 Operationen. Von 2007 bis 2015 haben die Wirbelsäulen-
OPs in Deutschland um 71% zugenommen.

Es findet in Deutschland auch deutlich **mehr Gerätediagnostik,** etwa Kernspintomografien oder Herzkatheter-Untersuchungen, als im EU-Ausland statt. Invasive Untersuchungsmethoden sind nicht risikolos. Zwischen 3 600 und 6 300 Patienten versterben pro Jahr an dem Herzkatheter-Eingriff. *Ein Herzkatheter Platz lohnt sich erst bei rund 1000 Untersuchungen pro Jahr.* Darüber hinaus werden **viel zu viele Medikamente** verordnet. Wirtschaftliche Interessen stehen dabei meistens im Vordergrund.

Kosten des Gesundheitssystems

Wir haben **das teuerste Gesundheitssystem in Europa.** 2017 wurden für die „Gesundheit" 376 Mrd. Euro ausgegeben, 14,5 Mrd. € waren als Steuerzuschuss für die Gesetzlichen Krankenversicherungen (GKV) notwendig. Die Spanier geben durchschnittlich pro Person 2446 € für Krankheitskosten aus, Deutschland 4160 €. Trotzdem haben die Menschen in Deutschland eine geringere Lebenserwartung. **Sie sterben durchschnittlich über 2 Jahre früher als spanische Bürger,** Italiener, Franzosen oder Schweden. Deutschland ist in der Lebenserwartung in Europa nur noch auf dem 17. Platz. Frauen werden in Deutschland durchschnittlich 81 Jahre, Männer 78 Jahre alt (in Spanien Frauen 83,5 Jahre, Männer 80 Jahre).

Die Krankenhäuser haben wegen der **Fallpauschalen** inzwischen einen hohen Patientendurchlauf. Die durchschnittliche **Krankenhausverweildauer** betrug 1992 13,3 Tage, 2017 nur noch 7,3 Tage. Immer häufiger werden Patienten blutig entlassen oder blutig in Rehaeinrichtungen verlegt.

Bei den Fallpauschalen werden Operationen deutlich besser bezahlt als konservative Behandlungsmaßnahmen. Eine Wirbelsäulen-OP bringt 10000 € ein, eine konservative Behandlung der Wirbelsäule nur etwa 3000 €. Eine normale Geburt kann mit 1700 €, ein Kaiserschnitt ohne

Komplikationen mit 2600 € abgerechnet werden. Die Kaiserschnittrate lag in der BRD 2017 bei 30,5%. Der Richtwert der WHO liegt bei 10-15%.

Das rigide Vergütungssystem „zwingt" dazu, Krankheiten zu finden, statt Gesundheit zu bewahren. Zum wirtschaftlichen Überleben braucht eine Praxis in der Regel mindestens 10% Privatpatienten, da sie 30% der Praxiseinnahmen ausmachen. 90% der Patienten sind gesetzlich versichert.

Zusätzliche schwerwiegende Probleme

Das Prinzip der Selbstverwaltung hat zu viel Lobbyismus geführt. Die Lobbyisten haben 10 von 13 Stimmen im entscheidenden Gemeinsamen Bundesausschuss (G-BA). Er setzt sich zusammen aus:
- Drei unparteiischen Mitgliedern
- Fünf Vertreter des **GKV-Spitzenverbandes**
- Fünf Vertreter der Leistungserbringer **(Dt. Krankenhausgesellschaft, Kassenärztliche Bundesvereinigung)**
- Zwei Patientenvertreter, die kein Stimmrecht haben.

Patienten haben faktisch keine Lobby. Die Politik hat die einflussreichen Interessensvertreter zu Entscheidern erhoben und dabei den Patienten auf dem Altar des Lobbyismus geopfert.

Die Gesundheitsverwaltung ist in Deutschland viel zu teuer. Das Abrechnungs- und Dokumentationsprozedere binden täglich drei Stunden der ärztlichen Arbeit. Derzeit sind 5,6 Mio. Menschen im Gesundheitssystem beschäftigt. 3000 bis 5000 Verbände mischen im Gesundheitswesen mit.

Das deutsche Gesundheitswesen ist auch **innovationsfeindlich.** Im Digitalisierungsgrad (Elektronische Patientenakte, Telemedizin) steht Deutschland in Europa an vorletzter Stelle vor Polen.

Gewinner und Verlierer unseres Systems

Wer profitiert von unserem Gesundheitssystem?
Zum einen die <u>Medizintechnik-Unternehmen.</u> Ihr Umsatz betrug 2015 29,2 Mrd. €. Zum anderen die <u>Pharma-Industrie.</u> Die Kosten der GKVs für Arzneimittel beliefen sich 2015 auf 38,7 Mrd. €. Jedes Jahr besuchen 15000 Pharmavertreter 20 Mio. Mal Arztpraxen und Krankenhäuser.

Auch die <u>Vorstände der Gesetzlichen Krankenkassen (GKV),</u> die Topgehälter bekommen (Barmer 378000 €, TKK 336000 €, AOK 260000 €) + Boni, profitieren von diesem „Krankheitssystem". Die Kosten für die GKVs durch eigene Verwaltung und die Verwaltung von 6000 Dienstleistern betrugen 2018 176 Mrd. €. Dies entsprach 23% der Gesamtausgaben.

Die <u>Vorstände der Kassenärztlichen Vereinigungen,</u> die die berufspolitischen Interessen der 506000 Ärzte vertreten, verdienen jährlich über 300000 €. Sie beschäftigen 12000 Menschen für die Abrechnungen von medizinischen Leistungen.

Die <u>Verlierer sind die einfachen Ärzte, besonders die Hausärzte und die untergeordneten Klinikärzte sowie besonders die Pflegekräfte,</u> die in Anbetracht der hohen Belastung und Verantwortung, wie schon erwähnt, ein eher bescheidenes Einkommen erzielen.

<u>Die ganz großen Verlierer sind aber die Patienten,</u> deren Gesundheit neben der ungesunden Lebensweise durch das System zusätzlich erheblich gefährdet ist. *Es geht in den westlichen Gesundheitssystemen, besonders in den USA und in Deutschland, in erster Linie um den Profit und schon lange nicht mehr, wie oft beteuert wird, um das Wohl des Patienten.*

Quellen

Arunagirinathan Umes, **Der verlorene Patient,** rowohlt
Ehgartner Bernd, Lob der Krankheit, Lübbe
Frank Gunter, **Schlechte Medizin,** Knaus
Jorde Alexander, Kranke Pflege, Cotta
Lausen Tom, Van Rossum Walter, Die Intensiv Mafia, Rubikon
Marianowicz Martin, **Die Gesundheitslüge,** Gräfe und Unzer
Schmidt Harald, Geheilt statt behandelt, Plassen Verlag
Shazi-König Nayla Samina, Das Gesundheitswesen, Daniel Funk
Strohschneider Thomas, Krankenhaus im Ausverkauf, Westend
Weiss Hans, **Korrupte Medizin,** KiWi

Corona – Ein Massenwahn im 21. Jahrhundert

In diesem Kapitel möchte ich in kompakter Form die Voraussetzungen, Auswirkungen und Folgen der Corona-Pandemie darstellen. Durch drei wesentliche Faktoren war es möglich, dass eine Erkrankung, die, was die Sterberate anbelangt, lediglich den **Schweregrad einer mittelschweren Grippe (Influenza)** erreichte, zu einer Pandemie mit schrecklichen Folgen erhoben werden konnte. Die Sterbezahlen sagen klar und deutlich: **Es gibt und gab 2020 in Deutschland keine Pandemie.**

1. **Bisher eindeutig definierte medizinische Begriffe wurden plötzlich umdefiniert.** Die Definition für eine Pandemie wurde von der Weltgesundheitsorganisation (WHO) schon vor Jahren verändert. Für die Definition einer Pandemie reicht es jetzt aus, wenn sich eine Infektionskrankheit mit hohen Erkrankungszahlen stark ausbreitet. Die Sterberate spielt keine Rolle mehr. **Auch gesunde Personen ohne Symptome, die einen positiven Test hatten, wurden als krank und später auch als Genesene bezeichnet.** So trieb man die Inzidenz (Häufigkeit der Erkrankung) in schwindelerregende Höhen. Bei den Todesursachen wurde nicht zwischen **an Corona und mit Corona Verstorbene** unterschieden. *Die meisten angeblichen Coronatoten starben deshalb an einer anderen Erkrankung.*

2. **Sehr zweifelhafte Tests** wurden ohne neutrale wissenschaftliche Überprüfung zum Goldstandard erhoben, erbrachten den Herstellern Milliardengewinne. Anfangs wurde der noch etwas genauere PCR-Test, später überwiegend der noch ungenauere Antigen-Schnelltest für die Diagnose der Erkrankung angewandt. **Neu war auch, dass man, wie üblich, nicht nur Personen mit Symptomen, sondern massenhaft auch Gesunde testete, die, obwohl**

sie nicht krank waren, wie bereits erwähnt, in der Statistik als Erkrankte erfasst wurden.

3. Es erfolgte über die Medien, die gekaufte Wissenschaft und die Politik eine **permanente, bisher noch nie dagewesene Angstpropaganda.** Es wurden **Horrorprognosen bzgl. der Sterbe-rate** verbreitet. Erschreckende Bilder, etwa aus Bergamo oder von Intensivstationen, die teilweise sogar gefälscht waren, wurden immer wieder gezeigt. Einzelne Betroffene konnten in den Medien ausführlich über ihr Leiden berichten. *Es wurde bewusst Todesangst verbreitet.*

Wissenschaftliche Ergebnisse sind immer von Bewertungen abhängig. Die größten Unrechtsregime wurden häufig wissenschaftlich begründet, nämlich dann, wenn Wissenschaft zum Glauben wurde. Ein schreckliches Beispiel dafür ist die Rassentheorie der Nationalsozialisten. Auch beim Coronaglauben wurde Irrationalität zur Vernunft erhoben, die Rationalität aber als Verschwörung bezeichnet.

Schäden durch die erfundene Pandemie

In der Corona-Zeit entstand eine irreale Ausnahmesituation, wie sie nur aus autoritär regierten Staaten oder aus Kriegszeiten bekannt ist. *Mit der Ausrufung des Notstandes können Gesetze am besten ausgehebelt werden.* Damit können Bürgerrechte und Demokratie geschliffen werden. Wer den Notstand beherrscht, ist souverän.

Die Auswirkungen und Folgen der Pandemie, die sich zu einem **Massenwahn** entwickelte, waren gravierend. Zahlreiche **schwerwiegende Kollateral-Schäden** sind durch die Pandemie-Maßnahmen verursacht worden.

Soziale, gesellschaftliche und gesundheitliche Folgen

- **Die Spaltung der Gesellschaft, der Gemeinschaft und von Familien.** Im neuen demokratischen Raum befand sich, wer gehorchte oder wer Geld hatte. *Der mündige Bürger wurde zum Störenfried.* Mit dem Imperativ des Notwendigen und Guten kommt oft die Diktatur daher.
- **Ein würdeloses Sterben** von alten und kranken Menschen.
- **Körperliche Schäden** durch Masken, Bewegungsmangel, Alkohol, Drogen und häusliche Gewalt.
- **Zunahme von Depressionen, Angsterkrankungen und Suiziden,** besonders bei Kindern und Jugendlichen.
- Es gab dreierlei Ängste: **Angst vor dem Virus, Angst vor sozialen und wirtschaftlichen Folgen und Angst vor der Beschneidung der Grundrechte.** Die Angst vor dem Virus wurde ganz in den Vordergrund gestellt, die anderen Ängste wurden bagatellisiert, ignoriert oder sogar bekämpft. Das Volk sammelte sich in seiner Angststarre mehrheitlich hinter seinen „Gefängniswärtern".
- **Eine geringe Übersterblichkeit 2020** gegenüber 2019 vor allem durch reduzierte Notfallstrukturen, soziale Isolation und zusätzliche Suizide.
- *Die Wahl bestand zwischen Impfung oder Ausgrenzung.* **Mögliche Schäden durch die unzureichend geprüften Gen-Impfungen** werden bis heute weitgehend unter den Teppich gekehrt. Nach Beginn der Corona-Massen-Impfungen gab es in Deutschland zwischen November 2021 und April 2022 eine bisher ungeklärte, **signifikante Übersterblichkeit.**

Wirtschaftliche Folgen

- **Eine Marktbereinigung durch massenhafte Insolvenzen** von kleinen und mittleren Betrieben.
- **Eine gigantische Umverteilung von unten nach oben.**
- *Für ganz arme Menschen gab es keinen Rettungsschirm* (Lohneinbuße durch Kurzarbeit, Wegfall von Mini-Jobs, Schließung der Tafelläden, Wegfall des kostenlosen Schulessens).
- Hilfeleistungen an kleine Firmen und Selbständige gingen an die **Banken** für Kredite und an die **Vermieter** für die Miete, die ihre Verluste dadurch begrenzen konnten. Totalitäre Herrschaft beginnt fast immer mit der Vernichtung des Mittelstandes.
- Unterstützung großer Konzerne mit Steuermitteln trotz **Entlassungen** und **Dividendenzahlungen.** Die Milliarden in der Corona-Krise wurden vor allem dazu eingesetzt, großen Kapitalbesitzern Verluste zu ersparen.
- **Milliardäre haben weltweit ihr Vermögen während der Pandemie verdoppelt.** 2020 war für die Hochvermögenden das finanziell erfolgreichste Jahr in der Menschheitsgeschichte.
- **Hunger, Armut, Arbeitslosigkeit und Krankheit haben weltweit stark zugenommen** (zahlreiche zusätzliche Hungertode).

Politische Folgen

- **Aushebelung der Restdemokratie.** Statt dem Grundgesetz herrschte das **Bundesseuchengesetz,** mit dem Erlasse und Gesetze am Parlament vorbei beschlossen wurden. Bürger wurden von der Politik und den Medien *mit Angst, Schuldgefühlen, Strafen und Nachteilen überwältigt.* Gesichtslose Feinde wie ein Virus oder der Terrorismus eignen sich besonders, um Urängste zu wecken.

- **Starke Einschränkung der Meinungsfreiheit.** Anders Denkende wurden als Corona-Leugner, Verschwörungstheoretiker oder Rechtsradikale diffamiert, ihre Videos im Internet wurden teilweise gelöscht. Jede abweichende Meinung wurde häufig mühelos mit der *„Nazi-Keule"* niedergemacht.
- Wolfgang Bittner bemerkte: „Die Krise zeigte in besonderer Weise, wie schnell die Zentren der Macht bereit sind, die demokratische Maske fallen zu lassen und autoritär durchzuregieren. Alles natürlich nur zum Wohle des Volkes". *Corona war ein Instrument zur Verarmung und Entrechtung der breiten Masse der Menschen.*

Folgende Grundrechte wurden während der Corona-Pandemie außer Kraft gesetzt:

- Artikel 1: **Die Würde des Menschen ist unantastbar**
- Artikel 2: **Freie Entfaltung der Persönlichkeit und Freiheit der Person**
- Artikel 4: **Ungestörte Religionsausübung**
- Artikel 5: **Meinungsfreiheit, Pressefreiheit, Einschränkung der Kunstausübung**
- Artikel 6: **Familienleben, Kindererziehung**
- Artikel 7: **Einschränkung des Schulwesens**
- Artikel 8: **Versammlungsfreiheit**
- Artikel 11: **Freizügigkeit im ganzen Bundesgebiet**
- Artikel 12: **Recht auf Berufsausübung**
- Artikel 13: **Unverletzlichkeit der Wohnung**

Demokratie ist kein System, in dem es um eine Art *Ablasshandel mit Privilegien* geht, den man eher aus feudalen Systemen kennt. **Erst impfen, dann boostern, dann bist du 2G, dann bist du wieder frei.**

Schon vor der Pandemie kam bei vielen deutschen Konsum-Bürgern Bequemlichkeit vor Freiheit. Deshalb ging man lieber mit der Macht und mit der Mehrheit, als mit der Wahrheit. In der Geschichte hat die Mehrheit aber selten recht gehabt. *Eine Wahrheit braucht keine Mehrheit und eine Mehrheit allein ist kein Argument für die Wahrheit.*

Die staatlichen Kirchen haben in der Corona-Krise kläglich versagt. Auch die Kirchenvertreter waren der **Angst vor der Endlichkeit mit „Heidenangst"** erlegen, haben die Gotteshäuser in der schlimmsten Krise zugesperrt und sich dem Corona-Diktat gebeugt, sodass kein gemeinsamer Anruf einer letzten Instanz mehr möglich gewesen war.

Die Corona-Pandemie hat gezeigt, dass, *wer die Freiheit für die Sicherheit aufgibt, am Ende beides verliert.*

Die Gesamtkosten für die Coronamaßnahmen beliefen sich 2020/2021 in Deutschland auf 522 Mrd. Euro, 9,4% des deutschen BIP.

Quellen

Von Behring Hermann, **Die Corona-Lüge,** tredition
Berger Jens, Schwarzbuch – Corona, Westend
Butterwegge Christian, **Die polarisierende Pandemie,** Beltz Juventa
Engelbrecht Torsten, Köhnlein Claus, Virus-Wahn, emuverlag
Felber Christian, Geld, Die neuen Spielregeln, DeutickeFratzscher
Marcel, Die neue Aufklärung, Berlin Verlag
Friedrich Marc, Die größte Chance aller Zeiten, FBV
Fuest Clemens, Wie wir unsere Wirtschaft retten, aufbau
Gedeon Wolfgang, **Corona, Crash und Bürgerkrieg,** WMG-Verlag

Gedeon Wolfgang, Meine Pandemie

Gürne Markus, Der Wirtschafts Virus, Econ

Hockertz Stefan W., Generation Maske, Kopp

Hohler Gertrud, **Die Würde des Menschen ist unantastbar,** Heyne

Kubicki Wolfgang, Die erdrückte Freiheit, Westend

Kühl Kevin, **Corona Drehen mit Zahlen,** IDEA Verlag

Lutge Christoph, Erfeld Michael, Und die Freiheit?, rivaverlag

Maaz Hans-Joachim, Corona Angst, Frank und Timme

Müller Albrecht, Berger Jens, Nachdenken über Deutschland 2021/2022, Westend

Osrainik Flo, Das Corona Dossier, Rubikon

Peymani, Ramin, 2020 Der schleichende Tod der Freiheit, BoD

Prantl Herbert, **Not und Gebot,** CH Beck-Verlag

Pürner Friedrich, Diagnose Panik Demie, LMV

Reiss Karina, Bhaki Sucharit, **Corona Fehlalarm?,** Goldegg Verlag

Reiss Karina, Bhaki Sucharit, Corona Unmasked, Goldegg Verlag

Von Roossum Walter, Meine Pandemie mit Professor Drosten, Rubikon

Roth Karl Heinz, Blinde Passagiere, Kunstmann

Rupping Eduard, Infiziert oder Testpositiv?, epubli

Schreyer Paul, **Chronik einer angekündigten Krise,** Westend

Schürmann Tanja, Wir impfen uns nicht, RBV

Sinn Hans Werner, Der Corona-Schock, Herder-Verlag

Steingart Gabor, Die unbequeme Wahrheit, Penguin Verlag

Stelter Daniel, Coronomics, campus

Wordarg Wolfgang, **Falsche Pandemien,** Rubikon

Der Tiefe Staat

Der Tiefe Staat ist ein eng verflochtenes Milieu aus Reichen, Regierungsbeamten, Geheimdienstlern und Militärs, die sich informell organisieren und unabhängig von Wahlergebnissen und Parlamenten versuchen, den Einfluss der eigenen Kreise zu sichern. Tiefer Staat beschreibt einen **Staat im Staat** mit dem Ziel, die kapitalistische Ordnung mit verfassungsfeindlichen und gegebenenfalls mit terroristischen Mitteln aufrechtzuerhalten. Ziel ist eine *plutokratische Diktatur in einer grenzfreien, übernationalen Welt.* Eine selbsternannte Elite will die Macht übernehmen und eine Art **Weltregierung** bilden. Es entstünde dann eine neofeudale Gesellschaft mit einigen Superreichen an der Spitze und Milliarden von Habenichtsen an der Basis.

Die Rolle der Geheimdienste

Ein wichtiges Instrument des Tiefen Staates sind die Geheimdienste. Der größte und mächtigste Geheimdienst, der Central Intelligence Agency (CIA) wurde von Bankern konzipiert. Mitbegründer und erster Direktor des CIA war der Wall-Street-Anwalt Allen Dulles, der auch Präsident des Council on Foreign Relations, eine US-amerikanische Denkfabrik für auswärtige Beziehungen, war. Der CIA versucht bis heute die Ziele der großen Banken und Großkonzerne in öffentliche staatliche Außenpolitik zu übertragen. *Der CIA war von Anfang an eine Unternehmung des Finanzsektors und der reichen Oberschicht.* Immer schon fand ein stetiger Wechsel zwischen Bankern und Geheimdienstlern statt.

In Geheimdiensten haben demokratische Instanzen am wenigsten Einblick und Einfluss. *Über Geheimdienste wird deshalb ständig verdeckt Politik betrieben.* Von besonderer Bedeutung ist, dass Skandale, etwa

politische Morde, Putsche gegen demokratisch gewählte Regierungen oder Geschehnisse, die zum Eintritt in einen Krieg führen, nicht aufgeklärt werden. **Deep Events**, wie 1933 der Reichstagsbrand oder 9/11, sind bis heute weitgehend unaufgeklärt und verschleiern die Rolle des Tiefen Staates. Drei Wochen nach dem Reichstagsbrand wurde das Ermächtigungsgesetz verabschiedet. Nach 9/11 begannen die schrecklichen Kriege gegen den Terror. *Seit diesem Ereignis wurde die nach 1990 fehlende Bedrohung durch den Kommunismus durch die Gefahr des Terrorismus ersetzt.* Ohne neue Bedrohung hätten die gigantische Waffenproduktion der USA und auch das angebliche Verteidigungsbündnis NATO keine Daseinsberechtigung mehr gehabt.

Je wichtiger und politisch brisanter ein Vorfall ist, desto seltener ist eine saubere Aufklärung zu beobachten. Das letzte Beispiel ist die **Sprengung von Nord Stream 1 und 2.** Die Planer in den Geheimdiensten haben Einfluss auf Polizei und Justiz. Dadurch werden Ermittlungen behindert.

Krisen als Mittel der Umverteilung

Der Tiefe Staat misshandelt die gesamte Gesellschaft. Diese Wahrheit wird tabuisiert. **Die globale Geldelite profitiert von jeder Notlage.** Sie kauft zum Schnäppchenpreis Immobilien aus Zwangsversteigerungen, Aktien und Unternehmensanteile auf und setzt geschickt ihre Lobbymacht ein, um gewaltige, steuerfinanzierte Rettungspakete auf ihre Konten umzulenken. *Sie hat es geschafft, sich noch an jeder Krise zu bereichern.* Dem „gemeinen" Volk dagegen *wird mit jeder Krise ein Stück ökonomische Sicherheit geraubt.* Das aktuelle System ist ein Tanzplatz für Milliardäre, auf dem unvermeidbare Risiken auf den Steuerzahler abgewälzt werden, während persönliche Katastrophen wie Arbeitslosigkeit, Zwangsräumung oder der Verlust der Krankenversicherung als unvermeidliche Nebenwirkungen der freien Marktwirtschaft akzeptiert werden. **Die zehn reichsten Menschen der Welt besitzen inzwischen ein Vermögen, das dem Bruttoinlandsprodukt der 85 ärmsten Länder entspricht.** Eine elitäre Minderheit hat es bereits geschafft, sich den allergrößten Teil der endlichen Ressourcen anzueignen und greift nun mit den Krisen mit aller Macht noch nach dem letzten Rest, der ihnen noch nicht gehört.

Mit der **Finanzkrise 2007/2008** setzte ein Reigen von Krisen ein, die seither die Menschen in Atem halten. Die zweite Krise war die **Flüchtlingskrise,** die dritte Krise die **Klimakrise.** Durch den Vorwand der Klimarettung wird die Spaltung der Gesellschaft in Privilegierte und Nichtprivilegierte weiter verstärkt. *Krisen sind entweder hausgemacht oder Ergebnis dreister Behauptungen der Herrschenden.* Je größer die Krise, umso mehr Veränderungen können von den Mächtigen durchgesetzt werden.

Ein klassisches Beispiel für eine hausgemachte, eine wahrscheinlich absichtlich herbeigeführte Krise ist die Finanzkrise 2007/2008:

- Großbanken vergaben in den USA Kredite an arme Schlucker (auch Drogenabhängige), obwohl sie wussten, dass die Mittellosen die Kredite nie zurückzahlen können.
- Kleinbanken waren gezwungen, dasselbe zu tun.
- Durch die Kredite stiegen die Preise von Immobilien und es entstand eine Blase.
- Die **faulen Kredite** wurden mit guten Krediten zu Wertpapieren gebündelt und **mit guter Bewertung** durch die von den Banken abhängigen Rating-Agenturen **in die ganze Welt verkauft.**
- Als die Immobilienblase platzte, verloren viele Menschen ihre Ersparnisse und ihr Zuhause.
- Die Kleinbanken gingen zugrunde oder wurden von den Großbanken geschluckt.
- Die Steuerzahler in den USA und in Europa, die bereits ihre Ersparnisse verloren hatten, musste nach dem Willen der Politik die

Verluste der nun größer gewordenen Banken durch die Kreditausfälle übernehmen **(Bankenrettung)**.

- Dafür musste der Staat neue Kredite bei Banken aufnehmen und die Bürger werden wohl für lange Zeit dafür Zinsen bezahlen.

Präsidenten kommen und gehen, die permanente Regierung, die sich Fachwissen und Erfahrung anmaßt, bleibt. Gewählte Politiker sorgen für die **öffentliche Legitimation**. *Der notwendige Rückhalt der Politiker ist nicht mehr das Volk, sondern der Finanzsektor und die Presse. Beide bestimmen über den Auf- und Abstieg der Politikkandidaten.* US-Präsident Dwight D. Eisenhower warnte schon 1961 in seiner Abschiedsrede vor der Macht des Tiefen Staates. Er nannte ihn damals noch den militärischindustriellen Komplex.

Die Angst der Eliten

Der tiefe Riss zwischen den Wahrnehmungen von armen und reichen Menschen entspricht der Trennung der Vermögen. *Die Superreichen glauben durch ihren Reichtum klüger zu sein als das einfache Volk.* Deshalb sind sie der Meinung, dass keine Rechtfertigung für ihr Verhalten mehr notwendig ist. Eigentum ermächtigt von alleine.

Grundangst der Eliten war schon immer die **Angst vor dem Zusammenbruch einer Ordnung, die das Eigentum und die Privilegien ebenjener Oberschicht garantiert.** Habsucht und Gier sind bis heute juristisch gesehen unangreifbar. *Deshalb haben die Eliten auch große Angst vor tatsächlicher Demokratie, vor freier Selbstbestimmung des Volkes.* Zu ihrer Beruhigung wird das Eigentum in den meisten demokratischen Verfassungen geschützt. Artikel 14 im Grundgesetz lautet: „Das Eigentum und das Erbrecht werden gewährleistet. Der Zusatz, Eigentum verpflichtet auch, ist eine wenig konkrete Floskel, die besänftigend wirken soll, aber wenig an den herrschenden Umständen ändert.

Aufbau des Tiefen Staates

Nach Machtforscher C. Wright Mills besteht die aktuelle Welt-Macht aus:

1. **Der globalen Geldelite,** die reichsten Individuen, Familien oder Clans mit einem Vermögen deutlich über einer Milliarde Euro.
2. **Den Vorstandsmitgliedern großer Konzerne und Finanz-Magnaten (Banken, Hedge-Fonds).** Sie mehren vor allem den Reichtum der globalen Geldelite und somit auch ihren eigenen.
3. **Den wichtigsten internationalen Politikern** in Regierungsfunktion oder als Berater im Hintergrund. Sie sollen möglichst viel Volksvermögen an die erste und zweite Gruppe umleiten.
4. **Spitzen der Wissenschaft, Medienmogulen, Rechtsanwälten, nicht Regierungsorganisationen (NGO's) und Spitzenkriminellen.** Sie dienen als Dekoration der Eliten und werden gut bezahlt.

Die globale Geldelite und die Vorstandsmitglieder großer Konzerne waren immer schon international orientiert. Die von ihnen abhängigen Vasallen sind durch Eigentum und Wahl viel stärker national gebunden. Als Vorsitzender des National Security Council (NSC), des Nationalen Sicherheitsrates der USA, der formal über Krieg und Frieden entscheidet, verfügt der US-Präsident über nicht unerheblichen Einfluss, er bleibt aber, schon wegen der **hohen Wahlkampfspenden,** den Akteuren des Tiefen Staates (Wall Street, militärisch-industrieller Komplex, Silicon Valley) gegenüber verpflichtet. Die renommierten amerikanischen Universitäten dienen als teure Abschluss-Schulen für das zukünftige Personal des Tiefen Staates (Ivy League). Wiege der neoliberalen Wirtschaftspolitik ist die University of Chicago.

Kurze Geschichte des Tiefen Staates

Seit der Privatisierung der Nationalbank 1836 unter dem 7. US-Präsidenten Andrew Jackson, der auch Gründer der Demokratischen Partei war, steuern die Superreichen der USA die Politik aus dem Hintergrund. *Teile der großen Finanzzentren beherrschen seither die Regierung.*

Mit der Gründung der von Privatbanken beherrschten US-amerikanischen Zentralbank (FED) 1913 hat es die Finanzelite der Wall Street geschafft, sich die Politik und die Wirtschaft ein für alle Mal zu unterwerfen und damit über Krieg und Frieden zu entscheiden.

1971 wurde die Goldbindung des Dollar aufgehoben, weil sich der Dollar viel stärker vermehrte als das Gold. *Ohne Goldstandard gibt es keine Möglichkeit, Ersparnisse vor der Enteignung durch Inflation zu schützen.* Die Finanzelite verpflichtete damals die Organisation Erdölfördernder Länder (OPEC) Öl nur noch in Dollar zu handeln. So wurde der Dollar neben weltweiter **Leitwährung** zusätzlich auch **Reservewährung.** Deshalb kann sich die USA bis heute fast unbegrenzt durch Gelddrucken verschulden.

Eine neue Form der Diktatur

Sheldon S. Wolin beschreibt den immer mehr in den westlichen Scheindemokratien herrschende **Umgekehrte Totalitarismus.** Statt rohem Terror erfolgt eine **ideologische Homogenisierung** und eine **Entleerung des politischen Raumes** durch kaum mehr wahrnehmbare **Manipulations- und Unterdrückungstechniken.** Dissens gilt als irrational und unvernünftig. Das Spektrum akzeptabler Meinungen wird strikt begrenzt, aber eine sehr lebhafte Debatte innerhalb dieses Spektrums wird ermöglicht. Das gibt das Gefühl, dass freies Denken stattfindet.

Die Gewalt zielt mehr auf die Psyche als auf den Körper. Wie der direkte Totalitarismus, etwa der Faschismus, setzt der Umgekehrte Totalitarismus auf Angst, Präventivkriege, Propaganda und auf eine Elitenherrschaft. *Die Demokratie wird aber bei dieser Form der Diktatur nicht abgeschafft, sondern sehr raffiniert durch Unterwanderung und Aushöhlung benutzt.*

Der Nachwuchs des World Economic Forum (WEF), die **Young Global Leaders (YGLs),** sind das zentrale Instrument zur Errichtung der neuen Weltordnung. Sie wurden durch ein Ausbildungsprogramm, das sechs Jahre dauert, auf ihre Aufgaben vorbereitet. Zu ihnen gehören der französische Präsident Emmanuel Macron, der kanadische Premierminister Justin Trudeau, die aktuellen deutschen Bundesminister Robert Habeck, Annalena Baerbock, Christian Lindner, Hubertus Heil und Cem Özdemir. Auch der Ex-Corona-Gesundheitsminister Jens Spahn, CSU-Chef Markus Söder, CDU-Parteivorsitzender Friedrich Merz, und Grünen-Chef Omid Nouripour haben die Ausbildung absolviert. Vorläuferorganisation waren die Global Leaders for Tomorrow (GLTs). Mitglieder waren Angela Merkel, Wladimir Putin, Nicolas Sarkozy, Victor Orban und Tony Blair. Putin und Orban verraten, dass das alte Programm nicht ganz ausgefeilt gewesen ist. Es wurde deshalb 2003 eingestellt und 2004 durch das YGLs-Programm ersetzt.

Der neue Mensch soll nach ihrer Ideologie historisch, religiös und kulturell unbehaust und wurzellos sein. Das gesellschaftliche Miteinander löst sich dann auf und damit auch der Widerstand.

Während der Corona-Krise wurden besonders in den Ländern, in denen die YGLs regierten (in Deutschland Angela Merkel, in Kanada Justin Trudeau, in Neuseeland Jacinda Ardern, in Frankreich Emmanuel Macron), die Etappen der Unterwanderung offenkundig, nämlich **Spaltung, Verarmung, Entrechtung** und am Ende die psychische, soziale und manchmal auch körperliche **Vernichtung.**

Ziel ist es, die Bürger *sozial und gedanklich zu fragmentieren* und sie durch *Konsumismus, Überflutung mit Nichtigkeiten* und durch eine *billige Unterhaltung* in einem Nebel gedanklicher Verwirrung zu halten. Eigentum bedeutet Freiheit, und Freiheit ist die Quelle des Widerspruchs. Deshalb gilt es *Eigentum durch Abhängigkeit zu ersetzen,* denn Menschen, die auf den Staat angewiesen sind, protestieren nicht. Niemand beißt die Hand, die ihn füttert. Durch Abbau von sozialen Strukturen und durch prekäre Arbeitsverhältnisse entsteht eine lähmende ökonomische Angst.

Die neuen Herrscher besitzen die ideologische Lufthoheit in den sozialen Netzen, bei den Kultur- und Medienschaffenden sowie im universitären und schulischen Bereich. Wie bereits gesagt, der *Umsturz erfolgt durch Unterwanderung und Aushöhlung.* Die Menschen befinden sich mitten in einem revolutionären Umerziehungsprozess und merken es noch nicht einmal, selbst wenn die Regeln, die man ihnen auferlegt, sinnlos oder gar für sie schädlich sind. *Grundrechte wird es dann, wie in der Corona-Krise, nur noch als Leckerlis für das Wohlverhalten der Untertanen geben.*

Die Vernichtung findet auf drei Ebenen statt: das Individuum, sein soziales Umfeld und als Staatsbürger. Ziel ist eine **Homogenität der Mehrheitsgesellschaft.** Je weniger traditionelle Familie, desto weniger gesellschaftlicher Zusammenhalt. *Die vierte industrielle Revolution wird nicht verändern, was wir tun, sondern was wir sind,* einzelne, namenlose Ameisen. Nutzlos sind die, die nicht mitmachen. Sie werden mit allen Mitteln bekämpft. Hoffentlich ist es für die Menschheit noch nicht zu spät. Als Christ glaube ich, dass bei Gott nichts unmöglich ist und dass *Christus stärker ist als der Anti-Christ.*

Quellen

Bittner Wolfgang, **Ausnahmezustand,** zeitgeist

Goodman Peter S., **Die Männer von Davos,** FBV

Lafontaine Oskar, Ami, it`s time to go, Westend

Morris Michael, Was sie nicht wissen sollen, amadeus-verlag

Nyder C.E., Great Reset, KOPP Verlag

Nyder C.E., **Young Global Leaders,** KOPP Verlag

Ploppa Hermann, Die Macher hinter den Kulissen, nomen-verlag

Schreyer Paul, **Die Angst der Eliten,** Westend

Schwinger Hans, **Imperium Americanum,**

Wolff Ernst, Weltmacht IWF, Tectum

Wolin Sheldon S., **Umgekehrter Totalitarismus,** Westend

Utopische Vorschläge für eine gerechtere und friedlichere Welt:

1. **Vollgeldreform,** Geldschöpfung in öffentlicher Hand.
2. Ein **Gerechtes Steuersystem** und Rückkehr zur Sozialen Marktwirtschaft.
3. Eine **neue deutsche Verfassung** anstelle des Grundgesetzes, die durch Volksentscheid legitimiert wird
4. Entmachtung der Parteien, **mehr direkte Demokratie.**
5. Begrenzung des Reichtums, etwa auf 10 Mio. Euro. **Rückverteilung von oben nach unten,** von den reichen in die armen Länder.
6. **Gerechte Löhne, auskömmliche Renten,** Kindergrundsicherung, **Abschaffung von Hartz IV.**
7. Demokratische Kontrolle der Finanzmärkte.
8. Migranten in ihrem eigenen Land unterstützen, Kriege und Wirtschaftssanktionen gegen die Länder beenden.
9. Ehrliche Darstellung der Geschichte, Einhegung der Macht der USA, **Friedensvertrag und Souveränität für Deutschland,** Rehabilitation der DDR-Bürger.
10. **Weltweite Abrüstung,** besonders in den USA.
11. Medien aus privater und staatlicher Hand befreien.
12. **Europa** aus der Hand der Eliten und Wirtschaft befreien und **demokratisieren**
13. Die Weisheiten der Bibel als Maßstab für den Alltag benutzen.
14. **Mehr Prävention als Behandlung,** Befreiung des Gesundheitssystems aus wirtschaftlicher und politischer Macht, ehrliche Aufklärung der Corona-Pandemie.
15. **Frieden mit Russland und China,** Auflösung der NATO, faires weltweites Wirtschaftssystem.

Anhang – Behauptungen mit den richtigen Fragen überprüfen

Um eine Behauptung überprüfen zu können, sollte man sich drei wichtige Fragen stellen:

1. Wer hat den Vorteil?
2. Wer hat den Schaden?
3. Traten die Vorteile und die Schäden zufällig ein oder wurden sie durch gezielte Maßnahmen herbeigeführt?

Die Repräsentative Demokratie

Behauptung 1:
Die Repräsentative Demokratie ist eine Herrschaft der Mehrheit des Volkes, also eine Volksherrschaft.

Behauptung 2:
Die Repräsentative Demokratie ist eine Herrschaft einer kleinen, sehr wohlhabenden Gruppe, also eine Elitenoligarchie.

Wer hat den Vorteil?

<u>Die Reichen und Superreichen,</u> etwa 5% der Bevölkerung, haben in allen westlichen Industriestaaten, in denen eine Repräsentative Demokratie besteht, in den letzten Jahrzehnten ihr Vermögen vervielfacht.

<u>Berufspolitiker aller Parteien,</u> die ihr Einkommen selbst bestimmen können und auch oft noch Zuwendungen aus der Industrie bekommen, sind zu großem Wohlstand und Ansehen gekommen.

Wer hat den Schaden?

Besonders die <u>Mittel- und die Unterschicht,</u> etwa 95% der Bevölkerung, haben im selben Zeitraum erheblich an Wohlstand verloren. *40% der deutschen Bürger besitzen keinerlei Rücklagen mehr, leben „vom Hand in den Mund".*

Traten die Vorteile und Schäden zufällig ein oder wurden sie durch gezielte Maßnahmen herbeigeführt?

- **Unbegrenztes Eigentum** erfährt im Grundgesetz einen besonderen Schutz. Der Zusatz, aber Eigentum verpflichtet, erweist sich oft als leere Hülse.
- Das Grundgesetz gewährt **keine direkte Demokratie.**
- Das Grundgesetz gibt den Parteien viel zu viel Macht.
- **Die Gewaltenteilung** wurde durch die Ämterpatronage **weitgehend aufgehoben.**
- **Parteienspenden und Lobbyisten** beeinflussen massiv die Politik. In den letzten drei Jahrzehnten haben die neuen Gesetze verschiedener Regierungen fast immer nur dem reichen Bevölkerungsanteil gedient.
- Von der Geldelite wurden weltweit Young Global Leaders ausgebildet, die zunehmend weltweit die Politik zu Gunsten der Superreichen beeinflussen. Deutschland ist seit 1945 ein **Vasallen-Staat der USA,** in denen eine noch größere Ungleichheit besteht.
- Die Bürger und Wähler werden durch die finanziell abhängigen Medien stark manipuliert.

Extreme Ungleichheit

Behauptung 1:
Die extreme Ungleichheit ist nicht vermeidbar, sie ist naturbedingt.

Behauptung 2:
Die extreme Ungleichheit ist systembedingt durch die wirtschaftlichen und politischen Verhältnisse.

Wer hat den Vorteil?

2016 waren die <u>acht superreichsten Menschen</u> der Erde so reich wie etwa vier Milliarden Erdenbürger.

Wer hat den Schaden?

Etwa <u>800 Millionen Menschen</u> sind weltweit von Hunger bedroht. 40% der deutschen <u>Bürger</u> besitzen keinerlei Rücklagen mehr. 2014 gab es in Deutschland 335 000 Wohnungslose, 2021 waren es bereits 648000. Auf die Lebensmittel-Tafeln sind in Deutschland inzwischen 2 Millionen Bürger angewiesen.

Traten die Vorteile und Schäden zufällig ein oder wurden sie durch gezielte Maßnahmen herbeigeführt?

- Durch die **Globalisierung der Wirtschaft und der Finanzen.**
- Durch die **Steuer- und Subventionspolitik** der Regierungen.

- Wegen der **veränderten Regeln am Arbeitsmarkt** und dem damit einhergehenden **Sozialabbau.**
- Durch die **unkontrollierten Finanzmärkte.**
- Wegen der **Geldpolitik der Zentralbanken.**
- Durch die **Privatisierung öffentlicher Aufgaben,** die die Grundbedürfnisse des Menschen gewährleisten sollen.
- Aufgrund der **Migrationspolitik.**
- Durch die Machenschaften des **IWF** und der **Weltbank.**
- Aufgrund der **Corona-Politik** der Regierungen.
- Wegen des **Ukraine-Krieg**s und der **Wirtschaftssanktionen gegen Russland.**

Erster Weltkrieg

Behauptung 1:
Wie im Versailler-Vertrag festgehalten hatte Deutschland die Alleinschuld am Ersten Weltkrieg.

Behauptung 2:
Die Hochfinanz der USA und Großbritanniens haben den Krieg für ihre Zwecke provoziert.

Wer hatte den Vorteil?

Wirtschaftlich und politisch gab es nach dem Ersten Weltkrieg nur einen Gewinner, <u>die Hochfinanz der USA und ihre Konzerne.</u> Alle anderen kriegsbeteiligten Länder lagen am Boden.

Wer hatte den Schaden?

Der Krieg zwischen Entente (Frankreich, Großbritannien, USA) und Mittelmächten (Deutschland, Österreich, Ungarn, Türkei) <u>kostete rund 20 Millionen Menschen das Leben.</u>

Die Hohen Reparationszahlungen Deutschlands an Frankreich und Großbritannien flossen wegen der Schulden sofort in die USA. <u>Deutschland und Großbritannien</u> hatten nach diesem Krieg sehr viel Macht verloren.

Traten die Vorteile und Schäden zufällig ein oder wurden sie durch gezielte Maßnahmen herbeigeführt?

- Die **Aufklärung der Ermordung** des österreichischen Thronfolgerpaares in Serbien wurde von England massiv **behindert.** Daraufhin erklärte Österreich Serbien den Krieg.
- Die **USA belieferten beiden Kriegsparteien mit Waffen** auf Kredit. Ohne die ständige Waffenlieferung aus den USA hätte die Entente (England/Frankreich) wohl schon 1915 den Krieg verloren. *Mit Milliardenkrediten hielten US-Banken den Krieg am Laufen.*
- Etwa 5 Millionen Dollar kostete die US-Propaganda gegen Deutschland, die das amerikanische Volk in Kriegsstimmung bringen sollte.
- Ein **Angebot eines Friedensvertrags** Deutschlands 1916 an Großbritannien wurde unter der Zusage, dass die USA auf englischer Seite in den Krieg eintreten werde, **abgelehnt.**
- Die USA trat 1917 nicht aus humanitären, sondern aus finanziellen Überlegungen in den Krieg ein. Sie hatten Angst vor hohen Kreditausfällen, wenn Großbritannien den Krieg verloren hätte.

Der Zweite Weltkrieg

War es Hitlers oder Roosevelts Krieg?

Behauptung 1:
Ein vom Wahnsinn getriebener Hitler, der auszog, um die Welt zu er-
obern und die Juden auszurotten, hat den Zweiten Weltkrieg verursacht.
Die USA haben nur eingegriffen um die Demokratie und die jüdischen
Menschen zu retten.

Behauptung 2:
Der Historikers Robert E. Herzstein behauptet, dass angesichts der polnischen Dokumente zur Vorgeschichte des Krieges die USA den Zweiten
Weltkrieg bewusst herbeigeführt haben. Ohne Roosevelts Druck auf Polen, Frankreich und England hätte es im September 1939 keinen Krieg gegeben.

Wer hatte den Vorteil?

1938 hatte <u>Roosevelt</u> 12 Millionen Arbeitslose, 1943 hatten die USA durch
die Kriegswirtschaft Vollbeschäftigung.

Die Kriege der USA, auch der Zweite Weltkrieg, haben immer den US-
Wirtschaftsinteressen und den Superreichen gedient. <u>Nach dem Krieg
waren die USA das reichste Land auf der Erde.</u>

Die USA stiegen zur <u>mächtigsten Nation der Welt</u> auf und sind seit
1945 das Imperium. Mit den Weltkriegen errang die USA auch die <u>Herr-
schaft über West-Europa.</u>

Der Krieg ermöglichte <u>Roosevelt</u> eine nicht übliche dritte und vierte
Amtszeit als Präsident.

Wer hatte den Schaden?

Mit der Niederlage schieden das zerstörte <u>Deutschland</u> und <u>Japan</u> aus dem Kreis der militärischen Großmächte aus. Auch <u>Frankreich</u> und <u>Großbritannien</u> waren durch den Krieg stark geschwächt und bei den USA hochverschuldet. <u>Deutschland</u> ist bis heute ein Vasallen-Staat der USA.

Traten die Vorteile und Schäden zufällig ein oder wurden sie durch gezielte Maßnahmen herbeigeführt?

- Die Entwicklung zum deutschen Faschismus war kein Zufall. Seit 1922 wurden **Hitler und die NSDAP** durch erhebliche **Geldmittel der Hochfinanz** und durch den Geheimdienstmann **Ernst ("Putzi") Hanfstängel stark gefördert.** Ohne diese Förderung wäre Hitlers Aufstieg vom „armen Schlucker" zum Reichskanzler nicht möglich gewesen.
- Trotz mehreren vertragswidrigen Gebietsbesetzungen durch Hitler seit 1935, kam es zu **keinem Eingreifen der Westmächte,** obwohl Deutschland zu dieser Zeit militärisch noch schwach war.
- USA und Großbritannien **weigerten sich mittellose Juden aufzunehmen** bzw. erschwerten ihre Ausreise aus Deutschland. Großbritannien verlangte 1 000 Pfund Einreisegebühr für Palästina.
- Hitler wurde vom US-Time Magazin zum Mann des Jahres 1938 gewählt. Auch übertrug man ihm die Olympischen Winter- und Sommerspiele 1936.
- Am 31. März gab Premierminister Chamberlain auf Anweisung von Roosevelt eine **britische Garantieerklärung an Polen**. Nach dem Angriff Hitlers auf Polen am 1. September erfolgte zwei Tage später die Kriegserklärung Frankreichs und Großbritanniens an

Deutschland, aber keine militärische Hilfe für Polen wie vertraglich zugesagt.

- Die USA stellten im Zweiten Weltkrieg an beide Seiten **Kriegsmaterial im Wert von 565 Mrd. Dollar** zur Verfügung.

- Allein die deutschen Friedensinitiativen zwischen 1939 und 1940 füllen acht Aktenbände von je 250 Seiten im britischen National Archiv. **Alle direkten und indirekten Friedensangebote Hitlers wurden von Roosevelt und Churchill, abgelehnt.**

- Sofort nach seiner Ernennung zum Premierminister ordnete Churchill den uneingeschränkten Luftkrieg gegen Deutschland an. Er begann mit der völkerrechtswidrigen **Bombardierung von deutschen Zivilisten** (2 Millionen Opfer).

- Trotz mehrmaligem Bitten der Russen nach Eintritt der USA in den Krieg 1941, eine zweite Front im Westen zu eröffnen, wurde **erst 1944 eine zweite Front eröffnet,** nachdem die Gefahr bestand, dass Russland das deutsche Gebiet alleine besetzen könnte.

- Japan wurde durch eine Blockade der US-Marine der Erdöl-hahn zugedreht. Dadurch **provozierten die USA Japan** zu einem Angriff auf ihre Marine. Als Reaktion erfolgte die Kriegserklärung der USA an Japan.

Die Medienpropaganda

Behauptung 1:
Die öffentlich-rechtlichen Medien sind neutral, informieren den Bürger objektiv und wahrheitsgemäß.

Behauptung 2:
Die öffentlich-rechtlichen Medien sind ein Propagandaorgan der Mächtigen.

Wer hat den Vorteil?

Die Medien sind von Beginn an ein Mittel der Gedankenkontrolle in einer für die <u>Eliten</u> sonst unwägbaren Demokratie. Medien animieren auch zum Krieg, der der <u>Rüstungsindustrie</u> Milliardengewinne einbringt. Medien-Propaganda sichert somit Macht und Reichtum der <u>Eliten.</u>

Die öffentlich-rechtlichen Medien sind der jeweiligen <u>Regierung</u> ein Medium, um ihre Politik als richtig und alternativlos zu verkaufen. Berlin muss den imperialen <u>Vereinigten Staaten</u> und der NATO die Gefolgschaftstreue halten.

Wer hat den Schaden?

Medien-Propaganda zerstört die <u>Demokratie</u> und spaltet <u>Familien und Gesellschaft.</u> Die Massen werden dadurch kontrolliert und der vierten Gewalt beraubt.

Traten die Vorteile und Schäden zufällig ein oder wurden sie durch gezielte Maßnahmen herbeigeführt?

- Die vier **westlichen Nachrichtenagenturen,** die in privatem Besitz sind, beherrschen die Nachrichtenszene in den westlichen Ländern.
- **Geheimdienste** nehmen erheblichen Einfluss auf die Bericht-erstattung. Der US-Geheimdienst CIA gründete 1952 mit 7 Millionen Dollar die Bild-Zeitung.
- **Transatlantische Netzwerke** (Pentagon, CIA, NATO, Elitezirkel, Thinktanks) haben einen starken Einfluss auf die öffentliche Meinung.

- Kritik ist für Redakteure karrierehemmend. Zahlreichen Rundfunkmitarbeitern wurden inzwischen Zeitverträge aufgezwungen. Bei Widerstand besteht eine Gefahr für ihre berufliche Existenz. Nach geltendem Gesetz legen nicht die Redakteure, sondern die Verleger den Inhalt der Medien fest.
- Durch die oben beschriebenen **Manipulations-Methoden** der Medien werden die Bürger „gehirngewaschen".

DDR

Behauptung 1:
1990 fand eine deutsche Widervereinigung statt.

Behauptung 2:
Der Anschluss der DDR an die BRD war eine Art feindliche Übernahme

Wer hatte den Vorteil?

Die <u>Reichen und Wohlhabenden in Westdeutschland, internationale Kapitalanleger, westdeutsche Politiker</u> und <u>höhere Beamte</u>.

Wer hatte den Schaden?

Ein großer Teil der <u>Bevölkerung der ehemaligen DDR</u> bekamen nach der sogenannten Wende wirtschaftliche Probleme, vor allem durch den Verlust ihres Arbeitsplatzes. Auch ihr Selbstwertgefühl wurde durch die Arroganz des Westens beeinträchtigt. Der <u>deutsche Steuerzahler</u> wurde von den internationalen Großbanken über den Tisch gezogen.

Traten die Vorteil und Schäden zufällig ein oder wurden sie durch gezielte Maßnahmen herbeigeführt?

- Die DDR-Bürger mussten das **Grundgesetz** der BRD, das kein Recht auf Wohnung und Arbeit garantiert, auf politischen Beschluss hin **übernehmen.**
- **Es fand eine finanzielle Ausbeutung und Deindustrialisierung** der ehemaligen DDR durch die Treuhand statt. 95 % der DDR-Betriebe wurden abgewickelt oder übernommen.
- Die westlichen Großbanken übernahmen kostengünstig die Westbanken und **forderten** die **angeblichen Kredite** der DDR-Banken an staatseigene Betriebe zuerst von den Betrieben und später vom deutschen Steuerzahler **zurück.**
- Seit dem Anschluss bis heute sind **fast alle lukrativen Positionen** in Politik, Wirtschaft, Gesellschaft und Justiz im Osten **von ehemaligen Westbürgern besetzt.**
- Fast alles Westliche galt 1990 als demokratisch und damit gut, das Östliche dagegen als undemokratisch und damit schlecht.

Die Europäische Union (EU)

Behauptung 1:
Die EU hat den Wohlstand der Völker und den Frieden in Europa vermehrt.

Behauptung 2:
Die europäischen Völker werden mit Hilfe der EU und dem Euro von der internationalen Hochfinanz ausgebeutet. Die EU dient den machtpolitischen Interessen der USA gegen Russland und China.

Wer hat den Vorteil?

Die <u>Reichen und Superreichen</u> sowie ihre <u>Großkonzerne</u> haben von den Gesetzen und Verordnungen der EU enorm profitiert. Besonders die <u>Pharma- und Rüstungsindustrie</u> sowie die <u>Energiewirtschaft</u> haben exorbitante Gewinne gemacht.

Wer hat den Schaden?

Der Wohlstand für die Mehrheit der <u>europäischen Völker</u> hat durch den Euro, die EU-Gesetzgebung und die hohen Ausgaben für Rüstung in den letzten Jahrzehnten abgenommen. <u>Zahlreiche Staaten und Bürger sind verschuldet.</u> Durch die Kriegstreiberei der EU-Verantwortlichen ist der Friede in Europa stark gefährdet.

Traten die Vorteile und Schäden zufällig ein oder wurden sie durch gezielte Maßnahmen herbeigeführt?

- Die EU ist geschichtlich und organisatorisch ein **Projekt der Oberschicht und der großen Unternehmen.**
- Hunderte von anerkannten Wirtschaftswissenschaftlern warnten davor, ohne Wirtschafts- und Finanzeinheit der EU-Länder eine gemeinsame Währung einzuführen. **Die Warnung wurde von der Politik ignoriert.**
- Die **Zinssenkungen der Europäischen Zentralbank (EZB)** enteigneten den Sparer und förderten gefährliche Finanzspekulationen.
- Die USA hat Europa öfters, wie jetzt bei den Wirtschaftssanktionen gegen Russland, gezwungen, sich gegen ihre wirtschaftlichen Interessen zu entscheiden. Auch übt die USA über die NATO

immer wieder Druck auf Europa aus, mehr Geld für Rüstung auszugeben.

- Der Europäische Rat schlägt einen Kandidaten als Präsidenten der Kommission (Spitze der EU-Exekutive) vor, das Parlament kann den Vorschlag nur bestätigen. Ursula von der Leyen wurde weder vom Volk, noch vom EU-Parlament gewählt.
- **Das EU-Parlament hat nur sehr eingeschränkte Befugnisse,** kann zum Beispiel nicht alleine über den europäischen Haushalt bestimmen. Mit Demokratie hat das ganze EU-System nur wenig zu tun.

Das Krankheitssystem

Behauptung 1:
Im deutschen Gesundheitssystem steht der Patient im Vordergrund.

Behauptung 2:
Im deutschen Krankheitssystem steht der Profit im Vordergrund.

Wer hat den Vorteil?

Die Medizintechnik-Unternehmen, die Pharma-Industrie und private Krankenhausbetreiber machen gigantische Gewinne. Vorstände der Gesetzlichen Krankenkassen und der Kassenärztlichen Vereinigungen sowie Chefärzte erhalten Topgehälter.

Wer hat den Schaden?

Die ganz großen Verlierer sind die <u>Patienten,</u> deren Gesundheit zunehmend gefährdet ist. Verlierer sind auch die <u>einfachen Ärzte,</u> besonders die Hausärzte und die untergeordneten Klinikärzte, sowie besonders die <u>Pflegekräfte.</u>

Traten die Vorteile und Schäden zufällig ein oder wurden sie durch gezielte Maßnahmen herbeigeführt?

- **Die Behandlung von Krankheiten steht gegenüber der Gesundheitsvorsorge und Prävention ganz im Vordergrund.** Nur etwa 1% der Gesundheitsausgaben wird für Prävention bereitgestellt.
- Pflegekräfte und Jungärzte werden **schlecht bezahlt** und sind wegen chronischen Personalmangels immer mehr **überfordert.**
- Iatrogene (durch ärztliche Behandlung bedingte) Krankheiten sowie **Schäden durch Krankenhauskeime und durch Über-therapie sind häufig.**
- Die Krankenhäuser haben wegen der **Fallpauschalen,** die Operationen lukrativer machen als eine konservative Behandlung, inzwischen einen sehr **hohen Patientendurchlauf.** Blutige Entlassungen sind üblich.
- Das Prinzip der Selbstverwaltung fördert den **Lobbyismus.** Die erlassenen Gesetze dienen in erster Linie dem Profit.
- Die Verwaltung im deutschen System ist **zu teuer und oft auch ineffektiv.**
- Das deutsche Gesundheitswesen ist in vielen Bereichen eher **innovationsfeindlich.**

Die Corona-Krise

Behauptung 1:
Das Coronavirus hatte eine gefährliche Seuche verursacht. Die erzwungenen Maßnahmen waren angemessen und notwendig.

Behauptung 2:
Die Corona-Krise war eine Test- und Medienpandemie. Die Maßnahmen dienten der Bereicherung der Eliten und der Verunsicherung der Bürger.

Wer hatte den Vorteil?
Es fand eine gigantische Umverteilung von unten nach oben statt. Zahlreiche Milliardäre und Multimillionäre haben weltweit ihr Vermögen während der Pandemie verdoppelt. Die Parteien konnten unter Umgehung des Parlaments durchregieren. Einzelne Politiker konnten sich sogar, etwa durch Maskendeals, bereichern.

Wer hatte den Schaden?

Besonders arme, alte und kranke Menschen waren von den Folgen der Pandemie stark betroffen. Es kam zu einer erheblichen Spaltung der Gesellschaft, auch der Familien. Auch Kinder und Jugendliche erlitten große Schäden. Viele kleine und mittlere Betriebe sowie Soloselbständige mussten Insolvenz anmelden. Hunger, Armut, Arbeitslosigkeit und Krankheit haben weltweit stark zugenommen. Die Bürger wurden ihrer Grundrechte beraubt, Kritiker wurden ausgegrenzt und diffamiert.

Traten die Vorteile und Schäden zufällig ein oder wurden sie durch gezielte Maßnahmen herbeigeführt?

- Bisher eindeutig definierte **medizinische Begriffe** wie Pandemie, Gesunde, Kranke usw. **wurden umdefiniert.**
- **Sehr zweifelhafte Tests** wurden zum Goldstandard erhoben und entschieden über Zwangsmaßnahmen.
- Über die Medien, die gekaufte Wissenschaft und die Politik erfolgte eine **permanente Angstpropaganda.** Bürger wurden von der Politik und den Medien mit Angst, Schuldgefühlen, Strafen und Nachteilen überwältigt.
- Der Erhalt von einer **unzureichend geprüften Gen-Impfung,** die Milliardengewinne einbrachte, wurde auf vielfältige Weise erzwungen. Wer die Impfungen verweigerte, wurde mit **2G-Regeln** sozial ausgegrenzt oder verlor sogar seine berufliche Existenz.
- **Für die besonders armen Bürger gab es keinen Rettungsschirm.** Durch Kurzarbeit, den Wegfall von Mini-Jobs, die Schließung der Tafelläden und durch Wegfall des kostenlosen Schulessens gerieten sie in große Not.
- **Große Konzerne wurden** mit Steuermitteln trotz Entlassungen von Mitarbeitern und Dividendenzahlungen staatlich **unterstützt.**
- Das Bundesverfassungsgericht und andere Gerichte haben die politischen Maßnahmen mit wenigen Ausnahmen „abgesegnet".
- **Kritiker der Corona-Maßnahmen,** auch mit fachlicher Kompetenz, **wurden beschimpft, diffamiert und ausgegrenzt.** Es war keinerlei sachliche Diskussion möglich.

Die deutsche Energiewende

Behauptung 1:
Die deutsche Energiewende ist notwendig zur Rettung des Weltklimas.

Behauptung 2:
Die deutsche Energiewende vergrößert zusätzlich die Ungleichheit in Deutschland. Sie ist neben der militärischen Aufrüstung eine weitere Maßnahme der Politik, besonders der Grünen, zur Umverteilung von unten nach oben.

Wer hat den Vorteil?

Aktionäre von erneuerbaren Energien und Energiefirmen sowie die Bauwirtschaft werden noch reicher. Insgesamt entstehen Wachstumsimpulse für den Kapitalismus. Die Partei, die Grünen, erringen mit der Energiewende Stimmen, besonders bei der jüngeren Bevölkerung.

Wer hat den Schaden?

Immobilien werden durch die zahlreichen Bauvorschriften immer teurer, Auch die gehobene Mittelschicht kann sich kaum noch eine eigene Immobilie leisten. Die Unter- und Mittelschicht werden durch steigende Mieten und steigende Energiekosten ausgebeutet. Auch Automobile werden immer unerschwinglicher. Zahlreiche Arbeitsplätze, etwa in der Automobilbrache, gehen verloren.

Traten die Vorteile und Schäden zufällig ein oder wurden sie durch gezielte Maßnahmen herbeigeführt?

- **Deutschland** verursacht weltweit lediglich **2% der Umweltverschmutzung,** kann also durch die eigenen Opfer die Umweltzerstörung nicht aufhalten. In den Medien werden die Tatsachen, dass China alleine in Afrika in den nächsten Jahren 500 neue Kohlekraftwerke bauen will und Frankreich zahlreiche neue Atomkraftwerke plant, nur am Rande erwähnt. Auch die Umweltverschmutzung durch die Rüstungsgüter und die zahlreichen Privatflugzeuge der Superreichen spielen in den Medien kaum eine Rolle.
- Durch die Wirtschaftssanktionen gegen Russland ist die **Übergangsenergie Gas viel teurer geworden** und belastet besonders ärmere Bürger.
- Fossile Energieträger sollen ab einem bestimmten Zeitpunkt verboten werden, unabhängig von den wirtschaftlichen und sozialen Folgen.
- **Durch Umweltaktivisten,** die zumindest teilweise von Lobbygruppen finanziert werden, **werden zunehmend emotionaler Druck und Schuldgefühle in der Bevölkerung aufgebaut.** Von den Aktivitäten dieser Gruppen wird in den Massenmedien ausführlich berichtet, von den sozialen Auswirkungen der Energiewende nur gelegentlich.

Der Ukraine Krieg

Behauptung 1:
Der Ukraine-Krieg ist ein unbegründeter Angriffs-Krieg von Putin.

Behauptung 2:
Der Ukraine-Krieg ist ein Stellvertreterkrieg der USA gegen Russland und China.

Wer hat den Vorteil?

Durch den Krieg und die westlichen Wirtschaftssanktionen haben die Rüstungsindustrie, besonders der USA, und die früher nicht konkurrenzfähige Fracking Gas-Industrie der USA große Gewinne erzielt Auch diese Krise kommt wieder besonders den Superreichen zugute.

Wer hat den Schaden?
Vor allem die Soldaten und Zivilisten in der Ukraine sowie die russischen Soldaten. Die Unter- und Mittelschicht in Europa leidet unter den hohen Energiekosten und der enormen Inflation. Sie rutschen deshalb immer tiefer in die Armut. Die Zahl der Hungernden in der Welt hat seitdem Ukraine-Krieg weiter zugenommen.

Traten die Vorteile und Schäden zufällig ein oder wurden sie durch gezielte Maßnahmen herbeigeführt?

- Seit 1994 wird Russland durch die **NATO-Osterweiterung** und durch die **Stationierung von Mittelstreckenraketen in Osteuropa** unter Druck gesetzt. Auch in der Ukraine sollten Atomwaffen gegen Russland aufgestellt werden. Eine wichtige Rolle im Ukraine-Konflikt spielt der aktuelle US-Präsident Joseph Biden. Er hat fast alle Konflikte und Kriege der letzten Jahrzehnte in verschiedenen Ämtern als Senator, Präsidentenberater, Vizepräsident oder Präsident mit zu verantworten.

- Seit über 10 Jahren gab es von Seiten der **USA massiven Widerstand gegen Nord Stream 2.** Hintergrund war, dass das US-amerikanische Fracking-Gas gegenüber dem russischen Gas nicht konkurrenzfähig war. Früher wurden wegen des Baus der Pipeline **Wirtschaftssanktionen** verhängt, vor wenigen Monaten wurde die **Pipeline durch Sabotage zerstört.** An der Aufklärung zeigt der „Wertewesten" wenig Interesse.

- 2014 gab es mit Hilfe des CIA einen **Umsturz der ukrainischen Regierung,** die eher russlandfreundlich eingestellt war. Kiew begann danach einen **Bürgerkrieg gegen** den überwiegend russisch sprechenden **Osten der Ukraine.** Durch das Einwirken der USA kam es also in der Ukraine zu einem **Staatsstreich** und zu einem **Bürgerkrieg.** Durch den Staatsstreich kamen **antirussische Neonazis** in die Regierung. Der damalige US-Vizepräsident Joe Biden äußerte 2014: Man wolle Russland ruinieren, wenn es sich nicht den westlichen Kapitalinteressen öffnet.

- 10 Millionen Ukrainer sind u.a. wegen der sehr schlechten wirtschaftlichen Bedingungen von 1991 bis 2015 aus dem Land geflohen.

- Das **Minsker-Friedensabkommen** hat, wie jetzt von Angela Merkel zugegeben wurde, nur als **Verzögerungstaktik bis zur Aufrüstung der Ukraine** gedient, nicht als Friedensangebot.

- Die nach dem provozierten Angriff Russlands verhängten **Wirtschaftssanktionen** waren vollkommen überzogen und **schaden den europäischen Ländern mehr als Russland.** Man hat den Eindruck, dass die USA einen **Wirtschaftskrieg gegen** ein zu sehr nach Osten, vor allem nach Russland und China ausgerichtetes **Europa** führt.

- Durch eine nur in der Coronakrise ähnliche, gigantische westliche **Medienpropaganda** wird der Ukraine-Krieg derzeit als einzig wirklich schwerwiegender Krisenherd der Welt auf sehr russlandfeindliche Weise dargestellt. Zehn andere gleichzeitig stattfindende Kriege spielen seither in der medialen Berichterstattung kaum mehr eine Rolle. Auf verschiedene Weise wird der westliche Bürger dadurch massiv manipuliert.